무조건 통하는 피드백 강점 말하기

무조건 통하는 피드백 강점 말하기

#팀원의_마음을_사로잡는_
요즘_리더의_비밀_무기

이윤경 지음

블랙피쉬
Black Fish

나와 팀원을 성장시키는
강점 피드백

제가 스물다섯 살에 취직을 했는데요. 입사 첫날 엄청난 충격을 받았습니다. TV에서 보던 세련된 사무실들과는 전혀 딴판이었거든요. 가장 충격적이었던 건 허름한 화장실이었습니다.

간신히 남녀를 구분하긴 했지만 입구에서 양쪽 화장실이 훤히 들여다보였습니다. 들어갈 때마다 시선을 어디다 둬야 할지 고민해야 하는 화장실, 상상해보셨나요?

그런데 말입니다. '뭐 이런 데가 있어?' 오만상을 썼던 그곳에서 저는 13년을 꽉 채워 일하고 있습니다. 그것도 꽤 즐겁게요.

사실 오래 다닐 생각이 없었습니다. 그런데 웬걸, 일이 참 재밌었습니다. 힘든 순간이 없기야 했겠냐만은 거의 모든 월요일 아침이 즐거웠습니다. 좀처럼 사람을 좋아하지 않던 제가 말이 많아졌고요. 오전 9시까지 출근하면 되는데 콧바람을 흥얼거리며 오전 7시에 출근 도장을 찍었습니다. 무엇보다 저는 제가 참 좋아졌습니다. 남에게 잘 보이기 위해 그럴싸하게 포장하지 않아도 되는, 있는 그대로의 제가요.

왜일까요. 왜였을까요.

그 답은 리더의 말에 있었습니다.

어려서부터 참 많이 들어왔던 말이 있었어요.

"너 지나치게 감정적이야."

"넌 너무 조급해."

친구와의 말다툼에서도 들었고, 익명 게시판에서도 들었죠. 많이 아팠습니다. 위축됐고요. 입사 후 리더에게도 같은 이야기를 들었습니다. 그런데 말이죠. 분명 같은 말이었지만 각도는 전혀 달랐습니다.

"넌 동료들을 위하는 마음이 커."

"넌 어떻게든 빠르게 문제를 풀어."

10년이 훌쩍 지나서야 그게 '강점 피드백'이란 걸 알았습니다. 제가 조급하게 굴다 문제를 일으켰을 때도 리더는 이렇게 말했습니다.

"그건 네 단점이 아니라 강점 같은데?"

제가 저와 너무 다른 동료에게 느끼는 불만을 토로하면 이런 답이 돌아왔습니다.

"우린 각자의 강점으로 성과를 내는 거야."

제가 좀처럼 성과를 내지 못하는 팀원을 보며 한숨 쉬면 그는 또 이렇게 말했습니다.

"평범해 보이는 이에게도 그만의 강점이 있어."

리더의 그 말들이 켜켜이 쌓일수록 저는 더 강점에 몰입할 수 있었고, 나와 다른 사람들과 함께 일하는 방법을 알아갔습니다. 강점에 집중해주는 리더의 힘을 느끼곤 마케팅 기획자에서 HR로 직무를 바꾸는 용기도 냈습니다. 제가 얻은 개인적 경험을 '대학내일'이란 조직의 문화로 만들어보고 싶었거든요..

그러다 이제까지 들어온 피드백을 패턴으로 정리해보고 싶다는 욕심이 생겼습니다. '태니지먼트www.tanagement.co.kr'는 그 욕심을 실현시켜준 고마운 커리어 툴입니다. 태니지먼트에서 소개한 8가지 강점과 12가지 태도 분류 덕에 막연한 피드백의 개념을 구체적인 실용서로 만들 수 있었거든요. 이런 상황에선 어떤 기준으로 어떻게 피드백하면 되는지요.

강한 확신을 갖고 말씀드립니다. '강점'은 여러분 리더십에 분명 강력한 무기가 될 겁니다. 왜냐하면 여러분의 팀원들은 자신의 강점을 발견하고, 활용하며 일하고 싶어 하거든요.

대학내일에서 '강점 워크숍'은 가장 인기 있는 교육 중 하나입니다. 바쁘기로 둘째가라면 서러운 분들인데 4시간짜리 워크숍을 전체 구성원의 약 90%가 수강했으니까요.

또 있습니다. 제가 커리어 콘텐츠 플랫폼 〈퍼블리〉의 아티클 저자인데요, (꽤 많이 썼습니다.) 강점 시리즈 아티클에 유독 많은 댓글이 달립니다. '따라서 해보고 싶다' '진짜 이렇게 일할 수 있으면 소원이 없겠다'는 댓글이요.

MZ세대와 조직문화가 점점 주목받게 되며 지난 2년 동안 참 많은 리더십 교육을 다녔습니다. 어림잡아 2,000명쯤 본 것 같아요. 그때 만난 팀장님들의 반응도 다르지 않았습니다. '당장 우리 팀에 도입해보고 싶다'는 분부터 '나도 내 강점을 처음 알았다'며 신기해하는 분들까지. 다양한 반응 속에서도 공통점이 있었습니다. 그 누구도 졸지 않고 눈을 반짝였다는 겁니다.

이 책은 여러분의, 그리고 여러분 팀원의 강점을 발견하고, 그 강점을 활용해 피드백하는 방법을 3단계로 이야기합니다. 맞는 말만 줄줄 늘어놓은 도덕책은 아닙니다. 개개인에 맞는 솔루션을 찾기 위해 상황을 잘게 쪼갰고, 모두가 '내 얘긴데?' 싶을 진짜 사무실 풍경을 곁들였습니다. 요즘 팀원들에게 당장 써먹을 수 있도록 유튜브 영상을 활용한 사례도 담았습니다. 어쩌면 저의 생각을 여러분이 '읽는' 게 아니라 저의 이야기에 여러분이 '답하는' 책일 것도 같습니다.

이 책을 골라 든 분이라면 아마 둘 중 하나일 겁니다. 좋은 리더가 되고 싶거나, 내 강점을 찾고 싶거나.

팀원들의 강점을 찾아주고 싶어 이 책을 골라 든 팀장이라면, '대입형' 독서를 추천합니다. 팀원 하나하나를 대입해가며 책장을 넘겨주세요. '아, 이건 딱 A인데?' '맞아. B는 딱 이런 말들을 많이 해. 이런 강점이 있었군'같이요. 한숨 쉬는 대신 그 팀원을 움직이는 동력이 무엇인지 고민해봅시다. 자신의 강점에 시선을 고정하고 있는 좋은 리더에게 마음이 동하지 않는 팀원은 단연코 없을 겁니다.

내 강점이 궁금해서 이 책을 골라 든 1인이라면, '칭찬형' 독서를 추천합니다. 참 피곤한 참견과 경쟁 사회 속에서 움츠려 있다면, 이 책을 읽으면서는 스스로를 맘껏 칭찬해주세요. '어머머, 이거 내 단점인

줄 알았는데 강점이잖아?'같이요.

연초, 책을 쓰게 되었다고 저의 리더에게 말했습니다. 강점에 대한 책인데 회사 이야기가 꽤 들어갈 것 같다고. 그분은 이렇게 답했습니다.

"혹시라도 대학내일을 좋은 회사라고 표현하진 않았으면 좋겠어. 설령 윤경이가 그렇게 생각한다 해도 모두의 생각일 순 없으니까."

그래서 망설였습니다. 내게만 좋은 걸 모두에게 좋은 것처럼 말하게 될까 봐요. 하지만 편집자님의 이 말이 저를 움직였습니다.

"저는요, 노력하는 조직이 좋은 조직이라고 생각해요."

그건 맞습니다. 지금 이 순간에도 대학내일은 구성원들이 행복한 조직이 되기 위해 '노력'하고 있으니까요.

누가 그러더라고요. 그 사람이 중요하게 여기는 것이 무엇인지 알려면 그 사람이 어디에 시간을 쓰는지를 들여다보라고요. 볼 것 많은 요즘 세상에 굳이 이 책을 집어 든 당신은 팀과 팀원을 위해 시간을 쓰고 있는 좋은 팀장, 맞습니다.

고마운 분들이 많습니다. 회사에서도 사람이 수단이 아닌 목적일 수 있단 걸 증명하고 계신 대학내일 동료 여러분, 진심으로 존경합니다. 그중에서도 속도로 승부 보는 팀장 덕에 고생 중인 인재성장 팀원들, 그 고생이 그래도 꽤 짜릿하길 바랍니다. 재밌게 사는 제 모습을 재밌어 해주시는 내 가족, 고맙습니다.

2022년 11월

이윤경

차례

프롤로그   나와 팀원을 성장시키는 강점 피드백   4
들어가기 전에   요즘 팀장 모의고사   12

시작하는 이야기
같이 일하고 싶은 리더에게는 공통점이 있다

팀장님은 어떤 리더가 되고 싶죠?   26
같이 일하고 싶은 리더에게는 공통점이 있다   33
팀원의 마음을 움직이는 리더의 피드백   43

첫 번째 피드백 패턴
강점 캐치: ○○아, 너 이거 진짜 최고다

피드백은 고쳐야 할 것을 지적하는 것이다?   50
우린 각자의 강점으로 성과를 낸다   57
나다운 게 뭔지 알고 싶은 요즘 팀원들   67
급선무는 나와 팀원들의 강점을 캐치하는 것   74
성과의 도구, 8가지 강점 사전   92
이제 피드백을 넘어 피드포워드로   119
팀원이 가장 잘할 수 있는 방식으로   123

•PS•   잠깐, 근데… 고쳐야 할 것도 분명 있잖아요   132

CHAPTER 2

두 번째 피드백 패턴
강점 실전: 단, 강점이 만든 실수와 갈등을 조심해

싫은 말도 좋게 들리는 마법의 피드백   138
쟤 왜 저래? vs 쟨 저래서 돼   142
리더가 해야 할 쓴소리 사용 설명서   153
갈등 해결은 최고의 성과   182

• PS •   그런데, 강점이고 뭐고 기본이 안 된 팀원은요?   209

CHAPTER 3

세 번째 피드백 패턴
강점 백업: 실수와 갈등을 피하는 건 바로 태도야

한숨만 나오는 그 팀원의 태도, 변할 수 있다   214
STEP 1 일단 인정한다, 태도도 실력이란 것을   218
STEP 2 흑역사의 원인을 12가지 태도에서 찾는다   223
STEP 3 리더부터 깐다, 흑역사 만든 태도를   257
STEP 4 성과만큼 태도에도 물개 박수 친다   262
STEP 5 태도별 맞춤 솔루션을 제시한다   265

• PS •   3가지 피드백 패턴 연습 문제   282

CHAPTER 4

Special Tips
3가지 질문: 강점만큼이나 중요한 팀원의 '이것' 리스트

첫 번째 질문 이 팀원의 지금 온도는 뭐지?   289
두 번째 질문 이 팀원의 관심사는 뭐지?   295
세 번째 질문 이 팀원을 신나게 몰입하게 하는 동력이 뭐지?   305

에필로그   당신은 어떤 팀장이 되고 싶습니까?   312
부록   요즘 팀장 해설서   315
참고 자료   334

요즘 팀장 모의고사

팀장 달고 처음 몇 년은 좌충우돌할 수밖에 없다. 내가 뭘 하고 있는지, 잘하고 있는 게 맞는지 매순간 자신을 의심하는 것도 당연하다. 그럴 때마다 우리는 이런 말들을 건넨다. "힘내." "나아질 거야."

위로는 핫팩과 같아서 따뜻하지만, 그때뿐일 때가 많다. 오히려 경험과 시행착오를 겪은 냉정한 조언이 도움이 될 거라고 확신한다.

자, 여기 5가지 문제 상황이 있다. 지금 겪고 있는 문제라면 이 책을 끝까지 읽은 후, 생각을 정리해보자. 아직 경험하지 않았다면 모의고사를 푸는 마음으로 풀어보자. 문제 해결의 힌트는 이 책 한 권이다. 나름의 답을 정리한 해설서는 마지막에서 확인할 수 있다. 자, 당신은 다음의 상황에 어떻게 대응할 것인가?

"뒤에서 팀장 욕하던데요. '능력 없는 꼰대'라고."
팀원이 팀장의 능력과 지시에 불만을 표시합니다.

강안정 팀장은 굉장히 책임감이 강하다. 진행 중인 프로젝트에 문제가 생기지 않게 철저하게 리스크를 관리하는 타입. 덕분에 큰 문제없이 소소한 성과를 내며 팀을 꾸리고 있었는데 요즘 출근길이 괴롭다. 2년 전부터 팀에서 함께하고 있는 한냉철 팀원의 불만 때문. 한냉철 팀원은 누가 봐도 똑 부러진 '일잘러'로 어떤 일을 맡겨도 "한냉철이 하면 '믿맡(믿고 맡기는 인재)'이지!" 할 정도의 신뢰를 받고 있었다. 문제를 캐치하고 대안을 딱딱 제시하는 모습에 강안정 팀장도 무한 신뢰를 보냈더랬다. 문제는 연초부터 감지되었다.

이곳은 강안정 팀장이 팀원들에게 올해 팀 플랜을 발표하는 자리.

"후…."

누군가의 깊은 한숨 소리가 회의실 공기를 얼어붙게 했다. 한숨도 말을 한다고, '진짜 바보 같은 전략이군' '대체 무슨 말을 하는 거야?' 같은 태그가 그 한숨에 달려 있다는 것을 모두가 느낄 수 있었다. 한숨의 주인공은 한냉철 팀원. 그의 표정은 딱 봐도 불만 그 자체였다.

"올해 우리 팀에게 부여된 가장 큰 역할은 ○○○인데요. 이 자료엔 본질적인 솔루션에 대한 언급이 전혀 없어 보입니다. 본질과는 상관없이 단발성 이벤트 정도만 나열되어 있는 것 같아요."

한참의 적막 끝에 발표가 이어졌다. 내내 턱을 괸 채 자꾸 고개를 도리도리 젓는 한냉철 팀원을 보며 강안정 팀장의 머릿속은 하얘졌다. 이후 발표는 어떻게 했는지 생각조차 나지 않는다.

중요한 일이 있을 때마다 가장 먼저 상의하곤 했던 강안정 팀장과 한냉철 팀원의 관계는 그날부터 완전 틀어졌다. 알고 봐서 그런 건지 그의 말 한마디, 태도 하나하나가 삐딱하게 느껴졌다. 팀장인 자신의 역량과 판단을 불신한다는 생각은 눈덩이처럼 불어났다.

솔직히 틀린 말은 아닌 것이, 실무에 있어서 한냉철 팀원은 강안정 팀장보다 뛰어났다. 이건 강안정 팀장의 이야기만은 아닐 터. 하루가 다르게 변화하는 비즈니스 환경에 가장 신속하게 적응하고 성장하는 건 팀장보단 팀원들이다. 10년 전에 이 바닥에 있었느냐는 그리 중요하지 않을 때가 많지 않나. 최근 6개월간 이 바닥의 이슈를 유튜브에서 얼마나 검색해봤냐가 문제 해결의 열쇠가 될 때도 많을 만큼 빠르게 변하니까. 그 변화에 민첩하게 반응하는 요즘 팀원들이 잘난 것도 맞지만, 팀장에게도 할 말은 있다.

'그럴 시간이 없는데요…?'

당신이 강안정 팀장이라면 이 상황에서 어떻게 해야 할까? 빈칸을 채워보자.

✎ 나라면 _____ 할 것이다.

※해설 p.316

"팀장이 팀원들 마음까지 챙겨야 하나요?"
솔직히 팀원들 하나하나 케어해야 하는 상황이 피곤합니다.

나미 팀원은 요즘 부쩍 동기들과 술자리가 잦다. 처음부터 그랬던 건 아니다. 어떤 궂은일이든 먼저 손을 들었던 나미다. 주어진 일은 야근과 주말 근무를 불사하고서라도 해치웠고, 일의 속도도 빨랐다. 사람들을 대하는 태도도 늘 다정했다. 상대를 칭찬하고 격려하는 나미 팀원과 많은 이들이 함께 일하고 싶어 했다. 그런데 밝고 활달하기 그지없던 이가 입사 1년 만에 부쩍 얼굴에 그늘이 졌다. 동기들은 나미 팀원이 안쓰럽다.

'진짜 헌신적이고 열정 가득인 친구인데 팀에서 제대로 케어받지 못하는 것 같네.'

이 말을 건너 건너 전해 들은 나미 팀원의 팀장 안보모는 표정이 굳는다.

"요즘 친구들이 하는 가장 큰 착각이 바로 그거라고 생각합니다. 회사가 학교인가요? 팀장이 보모인가요? 왜 자꾸 여기서 '케어'를 바라죠?"

잠시 나미 팀원과 안보모 팀장의 이야기 속으로 들어가보자.

나미 팀원은 무척 적극적이다. 신입치고 능력도 괜찮은 편이고 본인도 빨리 배우길 원하는 터라 자연스럽게 그에게 많은 역할이 돌아갔다. 지난달엔 진행 중인 업무 보드의 셀이 100개를 넘어갔을 정도다. 본인이 원한 일이라서 신나게 했을까? 물론 처음엔 신났다. 팀장과 조직이 자신을 믿고 맡겨주었으니 그럴 수밖에.

하지만 가짓수가 늘어나고 야근의 빈도가 높아지며 '고립감'을 느꼈다. '이렇게 하는 게 맞나…?' 하는 고민을 어느 순간 혼자 하고 있다는 것을 깨달은 것. 그래서 안보모 팀장에게 면담을 청했다.

"팀장님, 바쁘시죠? 시간 되시면 잠시 뵙고 말씀 나누고 싶은데요."

"무슨 일이죠?"

"아… 요즘 진행하고 있는 프로젝트에서 제가 잘하고 있는지 피드백을 듣고 싶어요."

"흠, 다음 달 첫 번째 목요일 오전 11시에 20분 정도 시간 되네요."

"혹시 조금 더 길게 뵐 수도 있을까요? 좀 더 일찍 뵐 수 있으면 더 좋고요."

"미안하지만 정해진 일정이 있어서 그때까진 어려울 것 같은데요. 급한 일이면 메신저로 하시죠?"

결국 면담은 유야무야됐다. 자신에게 내주는 시간을 아까워하는 듯한 안보모 팀장의 태도에 나미 팀원은 적지 않게 실망했다. 물론 안보모 팀장에게도 이유는 있다.

"업무 리스트와 상세 과업 관리는 현재로 충분히 잘 진행되고 있어요. 주간 팀 회의에서도 꾸준히 점검되고 있고, 개선이 필요한 부분에 대해서는 그때그때 나미 팀원과 이야기하고 있습니다. 제게 이이상을 바라는 건… 솔직히 저도 좀 부담스럽습니다. 보아하니 좀 우쭈쭈해달라는 것 같은데, 회사는 일해서 성과를 내는 곳이지 어린이집처럼 한 명 한 명씩 달래줘야 하는 곳은 아니라고 생각합니다."

굳어버린 나미 팀원. 안보모 팀장은 어떻게 해야 할까? 빈칸을 채워보자.

✎ 나라면 _____ 할 것이다.

※해설 p.320

"사람은 참 좋은데, 연차만큼 성과를 못 내는 것 같네요."
성과가 부진한 팀원이 고민입니다.

한때 한참 회자되던 짤이 있다. 팀원의 역량과 태도를 가지고 4분면을 나눈 것.

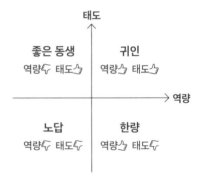

그 표를 보고 몰래 팀원들을 4분면에 넣어본 팀장들도 분명 있을 것이다. 이경주 팀장도 그중 하나였다. 이경주 팀장은 그야말로 경주마 같은 리더다. 최고의 성과, 경쟁에서의 승리를 향해 엄청난 전투력을 자랑한다. 그 덕에 그 팀의 성과는 타의 추종을 불허한다. 어려운 환경에서도 기어이 방법을 찾아 매출을 견인한다. 다른 팀에서 보면 '이경주 팀장 팀에 가면 성장 급행열차를 탄다'고 표현할 정도. 하지만 어디 밝은 면만 있을까. 이어지는 평가는 또 다른 결이다. '근데 그 팀에 가면 평범한 사람은 엄청 구박받는다던데?'

그 '평범한 사람'이 바로 최햇살 팀원이다. 그는 어디에나 있을 법한 평범한 팀원이다. 특정 분야를 압도하는 전문성이 있는 것은 아니다. 발이 넓어 유용한 정보를 물어 오는 것도 아니고 기가 막힌 아이디어를 떡하니 던져놓는 일도 드물다. 그저 우직하다 싶을 정도로 근태를 잘 지키고 동료들의 고충을 묵묵히 들어준다. 그가 앉아 있는 회의 분위기는 왠지 모르게 편안하다. 문제는 이경주 팀장의 눈에 최햇살 팀원은 '저성과자'로 보인다는 점이다.

"지금 최햇살 팀원은 6년 차예요. 그 밑으로 팀원이 세 명이구요. 1년 차, 2년 차, 4년 차요. 조직에서는 연차별로 기대되는 역할이 분명 있어요. 연차가 높아지면 돈을 더 많이 받으니까 당연한 거죠. 근데 제가 보기에 최햇살 팀원은 지금 3, 4년 차에 머물러 있어요. 자기 일에 좀 더 근성을 가지고 치열하게 하면 좋겠는데 그냥 무난하게 직장생활하는 것 같아서 솔직히 좀 아쉽네요. 이러다가 후배들한테 치이는 거 시간문제예요. 팀장으로서도 좋은 고과 주기 어렵구요."

이경주 팀장은 어떻게 해야 할까? 빈칸을 채워보자.

✎ 나라면 _____ 할 것이다.

※해설 p.325

"꼼꼼한 팀원이 덤벙대는 팀원을 공개 저격해서 둘이 말도 안 해요." 서로 너무 다른 팀원 간 갈등이 고민입니다.

김중재 팀장은 이미리 팀원과 최번개 팀원의 갈등 앞에 굉장히 난감해하는 중이다. 사건의 발단은 이랬다.

두 팀원은 함께 신제품 A의 프로모션 프로젝트를 준비하고 있었다. 상품 A가 지난주 출시되었는데 이걸 시장에 안착시키는 게 이들의 목표였다. 문제는 목표는 같은데 일하는 방식이 너무 달랐다.

이미리 팀원은 그야말로 '미리미리'다. 고려하고, 준비하는 캐릭터다. 하다못해 여행을 가도 엑셀로 30분 단위 플랜이 다 짜져 있다. 변수가 발생할 경우를 대비해 어지간한 셀에는 플랜 B, C까지 있다. 웨이팅이 30분 이상이면 옆 가게 어디로 가는 게 이미 정해져 있다.

반면 최번개 팀원은 여행 갈 때 그냥 몸만 가는 타입이다. 계획은 어차피 틀어지는 것인데 뭐 하러 세우냐는 게 그의 생각. 일도 그렇게 한다. 일단 아이디어에 확신이 들면 바로 추진한다. 방법은 시도해보며 찾으면 된다는 생각에 리스크 체크나 현실성 점검에는 소홀하다. 이런 차이로 평소 그냥 무난하게 지냈던 이 둘이 신제품 출시 프로모션을 같이 준비하며 단단히 어긋나기 시작한 것. 각자 김중재 팀장에게 하루가 멀다 하고 고민을 털어놓는 통에 김중재 팀장의 업무가 마비될 지경이다.

이미리 팀원의 불만

"최번개 씨는 생각이란 게 없어요. 이 일을 어떤 단계로 해야 할지 고민하는 건 기본 아닌가요? 무턱대고 저지르면 그 수습은 누가 해요? 지난주에 최번개 씨가 갑자기 좋은 아이디어가 떠올랐다고 하면서 막 팝업을 알아보더니 거기서 써야겠다면서 굿즈를 만들자고 하더라고요? 기가 찼죠. 이게 가능한 예산 범위인지 검토도 전혀 안 했더라고요."

최번개 팀원의 불만

"이미리 씨는 답답해요. 요즘이 어떤 시대인데 하나하나 다 따지고 계획해서 그대로 움직이나요? 그거 짜는 사이에 시장은 또 바뀌었을 텐데? 일단 가능한 거 하나하나 해보면서 방법을 찾으면 되는데 굳이 계획부터 세우고 시작하자고 말리는 통에 시작도 못하고 엎은 게 이번 프로젝트만 해도 세 번째예요. 이러다 어느 세월에 프로모션해요?"

도무지 좁혀지지 않는 둘의 갈등, 김중재 팀장은 어떻게 해야 할까? 빈칸을 채워보자.

✎ 나라면 _____ 할 것이다.

※해설 페이지 p.328

"유튜브 시작하더니 회사 일에 집중을 안 해요."
조직보다 자신을 우선시하는 팀원이 고민입니다.

입사 19년 차 박충성 팀장의 고민이다.

"알죠. 요즘 애들 자기 주관 분명하고 조직이 자기 책임 안 져주니 알아서 각자도생해야 한다고 생각하는 거요. 그래서 유튜브도 하고 퍼스널 브랜딩도 하는 거 아닙니까? 저라고 모르지 않아요. 저도 우리 아이들이 자기 경쟁력 갖추면서 자라길 바라는 부모이기도 하니까요. 하지만 문제는 말입니다. '1인분'의 문제예요. 자기한테 맡겨진 일을 책임지는지 여부요.

저희 회사가 나름 구성원들 자율성 보장해준다고 재택근무를 시행하고 있어요. 근데 그러다 보니 문제가 하나둘씩 생기는데 그놈의 사이드 프로젝트가 그중 하나예요. 저희 팀에 입사 3년이 조금 안 된 나새로미 팀원이 있어요. 딱 봐도 똑똑하고 자기 색깔 분명한 친구죠. 뭐 일도 곧잘 해요.

근데 이 친구가 얼마 전부터 좀처럼 업무에 집중을 못 하더라고요. 주로 재택을 해서 메신저로 업무를 논의하는데 답변 속도가 너무 느린 거예요. 저랑만 그런가 싶었는데 다른 동료들이랑도 그러더라고요? 무슨 자료를 요청하면 그날 퇴근할 때 다 되어서야 보내준다고. 그러더니 그런 말도 덧붙이더라고요. 요즘 나새로미 유튜브 시작한 것 같다고. 그래서 그거 하느라 일에 소홀한 것 같다고.

팀장으로선 환장할 노릇이죠. 눈에 안 보이니 지금 일을 하는지 안 하는지 체크할 방법은 없어요. 그렇다고 시간 단위로 업무 보고하라고 하면 눈에 불을 켜고 항의할 게 안 봐도 비디오고요. 이대로 가면 다른 팀원들은 상대적 박탈감을 계속 느낄 거고, 업무로 성과 내야 하는 저로서도 난감해질 겁니다. 그래서 기업들이 요즘 흐름 알면서도 겸업 금지 조항 유지하는 거예요. 최소한의 마지노선이라도 있어야 할 것 같아서요."

여기서 박충성 팀장은 굉장히 이상적인 팀장이다. 최소한 '요즘 팀원'들이 왜 셀프 브랜딩을 하려 하고 사이드 프로젝트를 찾아 헤매는지 이해하고 있다. 하지만 팀장으로서 다른 팀원의 불만과 소홀해진 본업 몰입도를 본인이 해결해야 한다는 것을 안다.

이 상황에서 당신이라면 나새로미 팀원에게 어떻게 피드백할 수 있을까? 빈칸을 채워보자.

✎ 나라면 _____ 할 것이다.

....

....

....

※해설 p.331

CHAPTER 0

같이 일하고 싶은 리더에게는 공통점이 있다

팀장님은
어떤 리더가
되고 싶죠?

웹툰 《송곳》의 대사 한 줄에 찔린 적이 있다.

극 중에서 이수인은 부조리한 군 생활을 못 견디고 전역한 원칙주의자다. 전역 후 그는 〈푸르미 마트〉에 매장 관리직으로 입사한다. 허허, 근데 여기서도 순탄치 않다. 판매직 직원들을 정리해고하라는 회사 측의 지시를 받은 것. 그는 부당 해고를 막겠다는 정의감에 불타올라 노조를 조직해보려 하지만 직원들의 반응은 싸늘하다. 노무사 구고신은 한술 더 떠 "당신 싸움 아니다"라며 핀잔을 준다. 이수인은 답답했다.

"그럼 쫓겨나는 사람들을 그냥 보고만 있습니까?"

내가 찔린 건, 이때 구고신이 나지막이 건넨 한마디 때문이었다.

"이수인 씨, 직원들이랑 호형호제 안 하죠? 직원들하고 밥은 자주 먹어요? 밥부터 같이 먹어요. 사람들은 옳은 사람 말 안 들어. 좋은 사람 말을 듣지."

이 말의 진짜 뜻을 깨달은 건 팀장을 단 그 무렵이었다.

덜컥 팀장이 됐다

입사 12년 차, 서른일곱 살에 팀장을 달았다. 신났다. 조직에서 인정받았다는 뿌듯함에 어깨 한쪽이 올라갔다. 내 팀원들과 내 팀을 꾸릴 설렘에 호르몬이 요동치더니 그들이 "팀장님" 하며 부르자 입꼬리도 마저 올라갔다. 팀장 딱 두 글자만 추가해서 다시 찍은 명함도 좋았다. '안녕하세요. 이윤경 팀장입니다'로 시작하는 메일을 쓸 때마다 마음이 살랑거렸다. 봄 같은 며칠이었다.

하지만 늘 그렇듯 봄은 짧았다. 갑자기 CC_{Carbon Copy}된 메일이 쏟아졌다. 관리해야 하는 엑셀, 결제해야 하는 서류가 이렇게나 많았나. 회의할 때면 모두가 내 입을 쳐다봤다. 가장 당황스러운 건 팀원들과의 관계 각도였다. 얼마 전까지만 해도 같이 실없이 노가리 까던 팀원들이 각자의 고민과 불만을 해결해

달라며 들고 왔다. 전엔 내 일만 잘 해내면 충분했지만 이젠 아니었다. 단언컨대 그간 해왔던 어떤 프로젝트보다 어려운 과업이었다. 먼저 팀장 단 동기가 소주를 입에 털어넣으며 뱉은 한탄이 이제야 와닿았다.

"윤경아, 요즘 애들은 우리 때랑 달라. MZ 알지, MZ. 맘에안 들면 그 자리에서 정색하고 이야기하더라. 왜 제대로 평가해주지 않냐고, 왜 자기 커리어와 성장엔 신경 써주지 않냐고. 다 일리 있지. 나도 그맘때 그런 불만 갖고 있었으니까. 근데 윤경아, 우린 그때마다 속으로 삭였잖아. 팀장님한테 어디 말해볼 생각이나 했었냐. 안 그래?"

내가 소주잔을 다시 채워주는 사이에도 넛두리는 이어졌다.

"지금 생각해보니 억울해 미치겠어. 우리 때는 그냥 까라면깠잖아. 누가 뭘 가르쳐줘. 내가 알아서 커야 했지. 근데 이젠팀장이 '알아서 하라'고 하면 안 된대. 팀 성과는 기본이고 팀원들 성장도 팀장 몫이래. 여긴 학교가 아니라 회사라고 한마디하고 싶은데 그랬다가 관둔다고 할까 봐 겁나서 아무 말도 못했지…. 근데 윤경아, 나 솔직히 어떻게 해야 할지 모르겠어. 위에선 실적으로 쪼고 아래선 성장으로 쪼고. 나도 잘하고 싶지.근데 누가 나한테 그래줬어야 알 거 아냐, 그 방법을."

'저기… 우리도 MZ야. 80년대 초반 출생까지는 밀레니얼세대거든….'

이렇게 말하고 싶었지만 그의 표정이 너무 세상을 잃은 것 같아 관뒀다.

30대 중후반의 우리는 지금쯤 조직의 중간 관리자 트랙에 진입하고 있을 나이다. 학문적 분류에 의하면 우리도 분명 MZ 세대다. MZ는 MZ지만… 우린 '낀 MZ'다.

우리도 나답게 일하고 싶고, 성장하고 싶었다. 하지만 우리는 10년 남짓 그렇게 케어받지 못했다. 지금이야 '대퇴사의 시대'란 말에 겁먹은 회사들이 MZ 직원 붙잡으려 참 열심이다. 어떤 회장님은 뿔난 MZ 직원을 달래려 성과급도 반납했다. MZ 직원이 임원들의 선생님이 되어보는 '리버스 멘토링'은 보편화되었고, '그림자 위원회'같이 MZ 직원들의 입김이 일선에 반영되는 일도 흔하다.

하지만 불과 3, 4년 전까지만 해도 이렇지 않았다. 젊은 직원들의 요구는 그저 철없거나 이기적인 투덜이 스머프 취급을 받지 않았나. 비록 나는 내 할 말 다 하지도 못했고 나답게 일할 기회도 적었지만 내 팀원에겐 그렇게 해줘야 한다. 본인은 시집살이당하고 살았지만 아들 결혼하면 며느리 눈치 보고 살아야 한다는 우리네 어머님들의 푸념처럼, 우리는 끼었다.

내가 낀 MZ의 비애에 빠져 있는 사이 동기는 팀장 5년 차

선배 A와 한참 진지한 이야기를 나눴더랬다. 그땐 내 얘기가 아니라 그랬을까, 취해서 그랬던 걸까. A가 풀었던 썰이 좀처럼 기억나지 않았다. 그때 동기에게 진지한 표정으로 조언해준 선배 A에게 힌트가 있을 것 같았다. 잽싸게 카톡창을 열었다.

"팀장님, 바쁘세요? 제가 고민이 좀 있는데…."

이런 고민 상담이 익숙한 듯 그의 답장은 빨랐다. 그때 동기와 크게 다르지 않은 나의 푸념을 듣던 선배는 별일 아니란 말부터 했다. 대수롭지 않은 대꾸에 한편으론 마음이 놓였다. 나만 그런 게 아니었다.

"팀장 단 지 세 달 됐다고? 이제 막 팀원들 좀 파악하기 시작할 때구만."

"그쵸. 슬슬 위에서 실적에 대한 압박도 들어오고…."

"근데, 넌 어떤 리더가 되고 싶어?"

"글쎄요. 리더로서 어떤 실적을 내야 하는지만 생각해봤지 어떤 리더가 되고 싶은지는 생각해보지 못했어요."

"잘됐네. 이참에 한번 생각해봐. 이를테면 그런 거지. 오늘부터 딱 1년 후에 팀원들이랑 면담한다고 치자. 그때 팀원들에게 어떤 얘기를 듣고 싶어?"

"…."

"어렵지. 내 이야기를 좀 해줄까? 나 올해로 팀장 5년 차거든. 1년 차 땐 엄청 헤맸어. 2년쯤 되니까 정신이 좀 들면서 욕심이 나더라고. 올해 팀 농사 잘 지어서 연말에 팀원들한테 이런이런 이야기 듣고 싶다는 욕심."

"어떤 이야기요?"

"연말에 팀별로 결산하잖아. 올해 우리 팀에서 이런이런 일을 했고, 뭘 잘했고 뭘 못했고. 그때 팀원들에게 한 해 소감 물을 거 아냐. 그때 그 소리 듣고 싶었어. '엄청 빡센 한 해였지만 팀장님이랑 일하면서 부쩍 성장했다는 느낌을 받았어요.' 그 장면을 상상하니까 그게 목표가 되더라고."

"아, 생각해보니 저도 있어요, 그거. '팀장님이랑 오래 같이 일하고 싶어요'란 이야기 듣고 싶어요. 흠, 너무 뻔한가."

"좋은데? 사실 모든 리더들의 바람이기도 하지. 자, 그럼 그 이야기 들으려면 어떻게 하면 될 것 같아? 그 방법을 찾고, 반복하면 그 소리 들을 수 있지 않을까?"

A와의 수다를 마친 후 메모장을 열었다. 20pt의 볼드체로 이렇게 적었다.

'오래 함께 일하고 싶은 리더 이윤경'

두 눈과 하나의 커서를 깜빡이기만 할 뿐 아무것도 적지 못한 채 10분쯤 됐을까. 적어놓은 문장에서 내 이름을 지우고 대신 '나의 리더들'이라고 고쳐 적었다.

'오래 함께 일하고 싶었던 나의 리더들'

나는 10년을 넘게 한 조직에서 일했다. 함께 일한 리더들이 적지 않다. 그들의 이름을 하나하나 적어 내려갔다. 그리고 한 명씩 질문을 던졌다.

'이분과 일했던 그때의 나, 이분과 오래 함께 일하고 싶어 했나?'

그중 두 명은 고민할 필요 없이 YES였다. 한 명은 잠시 고민했으나 YES였다. 이번엔 그들의 이름 옆에 이유를 적었다.

'나 왜, 이분이랑 오래 일하고 싶어 했지?'

끼적인 이유들을 다시 모았다. 딱 두 줄로 추려졌다. 조금씩 찾던 답에 가까워지는 느낌이었다.

문득 궁금했다. 다른 이들에게 '오래 같이 일하고 싶은 리더'는 어떤 사람일까. 카톡을 켜서 동료와 지인들에게 물었다.

"완전 뜬금없지만 질문 하나만 할게. 니들은 어떤 리더랑 일했을 때 그 사람이랑 계속, 오래 일하고 싶었어? 물론 그런 리더가 있었다면 말야."

같이 일하고 싶은 리더에게는 공통점이 있다

카톡창은 생각보다 바쁘고 재밌게 흘러갔다. 처음엔 일명 '갓리더' 얘기가 나왔다. 누구나 인정할 수밖에 없는 실력자, '일잘러'의 표본인 갓리더.

- 확실한 전문성으로 압도하는 리더
- 비전과 전략을 잘 제시해주는 리더
- 기본적으로 머리가 좋고 센스가 있는 리더

다들 'ㅇㅈ(인정)'을 날리는데 한 명이 의문을 제기했다.

"근데 그런 리더는 뭐랄까, 대단하고 멋지긴 한데 좀 연예인 같아. 그는 멋지고 대단하지만 그와 함께 일하는 나도 멋져질 것 같진 않다고나 할까? 난 연예인 같은 리더보단 초등학교 선생님 같은 리더와 오래 일하고 싶더라고. 초등학교 선생님들은 그러시잖아. 애가 뭘 잘하는지 찾으려 하고, 뭐 하나 잘하면 폭풍 칭찬으로 기 살려주고, 그거 계속 해볼 수 있게 기회 주려 하고. 나 초등학교 6학년 때 선생님 덕에 자존감도 높아지고, 내 적성에도 눈떴거든. 그 선생님 지금도 찾아뵙고 있어. 암튼 난 갓리더보단 '쌤리더'에 한 표."

순식간에 채팅창의 공기가 달라졌다. 대충 여론은 이랬다.
'갓리더보단 쌤리더랑 오래 일하고 싶다. 같이 성장하는 느낌을 주니까.' 그들이 꼽은 쌤리더의 특징은 이랬다.

- 내 강점에 집중하는 리더
- 내가 하고 싶어 하는 일에 대해서 관심 가져주고 그 일을 할 수 있게 도와주려고 했던 리더
- 팀원들에게 재량권을 주는 리더
- 공감 능력이 뛰어나고 소통을 잘하는 리더
- 같이 성장할 수 있다는 확신을 주는 리더
- 나를 인정하는 리더

정리하면 이거다.

- **갓리더**　자신의 강점이 많은 / 지시하는 / 해결해주는 리더
- **쌤리더**　팀원의 강점에 집중해주는 / 잘하게 도와주는 / 할 수 있다는
  확신을 주는 리더

그렇게 한 시간쯤 이어진 긴 카톡 대화의 쐐기는 이 말이 박았다.

"근데 말야. 그런 리더랑 일하다 보면 그런 생각 들지 않디? '아, 나 이 사람 잘되게 해주고 싶다.'"

아무도 그 말에 반론을 제기하지 않았다. 그런 리더 한번 만나고 죽으면 소원이 없겠다는 한탄을 제외하곤.

내 인생을 바꾼 한마디
"그건 네 단점이 아니라 강점 같은데?"

《송곳》의 대사 한 줄이 소환된 건 바로 이때였다.

"사람들은 옳은 사람 말 안 들어, 좋은 사람 말을 듣지."

정답을 말해주는 리더보다 나다운 방식으로 정답을 찾을 수 있다고 말해주는 리더가, 나에겐 그 '좋은 사람'이었다. 그들은 하나같이 나의 강점에 집중했고, 나를 위해 자신의 시간을 기꺼이 투자했다. 그리고 그들은 나를 변화시켰다. 그 변화의 클라이맥스엔 늘 그들의 '피드백'이 있었다.

리더의 역할을 고민하며 그간 내가 리더에게 받았던 피드백을 정리해보았는데 정말 신기한 사실을 발견했다. 천년만년 함께 일하고 싶었던 리더든, 월요일이 유난히 두려웠던 그 시절의 리더든 내게 했던 피드백은 놀라울 정도로 비슷했다. 그들은 이구동성으로 내게 외쳤다.

'너무 빨라!'

다른 건 '관점'이었다. 누군가는 지적했고, 누군가는 박수쳤다.

"윤경아, 너 좀 빠르다. 너무 조급해서 동료들이 버거워해"

대부분 부정적 뉘앙스였다. '지나치게' 빠르단 것. 예를 들어 처음 시도해보지 않았던 아이디어를 낼 때 그런 얘기를 들었다. 통상적으로 소요되는 시간보다 훨씬 짧은 시간 안에 해낼 수 있다고 말했을 때도 그런 말을 들었다. 그럴 때면 난 억울

했고, 발끈했다. 조직에 필요한 일이라고 판단했고, 빠르게 진행해야 하는 일이라 빠르게 치고 나갔을 뿐이었다. 하지만 그들의 지적이 아예 틀린 건 아니었다. 나는 해야 하는 일이 생기면 무턱대고 뛰어들었다. 때론 주변 환경과 동료들의 마음을 살피지 못했다. 신중한 동료들을 답답하게 여겼고 리스크를 예상하지 못했다. 그래서 실제로 문제가 생기기도 했다. 그 시간이 반복되며 나는 의기소침해졌다. 리더들의 말마따나 고질적인 단점이라고 여겨 멈칫하기도 했다.

'내 성질대로 빠르게 치고 나가다가 또 욕먹을 것 같아….'

"윤경아, 너 좀 빠르다. 완전 애자일하게 문제를 해결하고 있어"

그런데 말이다. 어떤 리더는 같은 상황에서 전혀 다른 이야기를 했다.

그때 우리 팀에선 새로운 프로젝트에 도전하고 있었고, 나는 늘 그러하듯 '일단 해보죠!'를 외쳤다. 하지만 순간 '일단 고go'를 외치다가 썼던 흑역사가 떠올랐다. 아차 싶었다. '내가 또…' 싶은 생각이 들어 수습하려 했다.

"아… 제가 또 너무 조급하게 굴었네요. 사례와 리스크를 천천히 검토하고 검증이 되면 시작하는 게 맞죠…."

거북목을 하고 모니터를 들여다보고 있던 팀장이 갑자기 고개를 들었다.

"에이, 그 속도가 윤경의 강점이잖아. 요즘 말로 애자일_{agile}. 조심하는 건 내가 해볼게. 일단 진행하자."

처음엔 어안이 벙벙했다. 그냥 하는 말인 것도 같았고, 내가 저질렀던 실수들을 모르고 하는 말인 것도 같았다. 하지만 그후로 짧지 않은 시간 그는 그 말이 진심이었단 걸 행동으로 증명했다. 내가 빠르게 일에 뛰어들면 팀원을 붙여줬다. 외부에서 도움받을 곳을 연결해줬고, 도사리고 있었던 리스크를 체크해줬다. 무엇보다 속도 탓에 생긴 문제점을 꼬집는 대신 '그렇게 해서 빠르게 해결할 수 있었던 문제'들에 무게를 두고 피드백했다. 잔뜩 움츠려 있던 나의 어깨가 빠르게 펴졌다. 빠른 속도가 나의 강점이라는 확신을 갖고 일하게 됐다. 변화는 이뿐만이 아니었다. 전엔 발끈하며 반박하느라 바빴을 그 문제점을 어떻게든 고쳐보고 싶어졌다. 예를 들어 이런 것.

• 단점으로 생각하고 지적하는 리더

"윤경아, 너 좀 빠르다. 너무 조급해서 동료들이 버거워해."

➜ (발끈) ➜ (불만) "그렇게 눈치만 보다가 어느 세월에…" ➜ 개선 X

• 강점으로 해석해서 박수 치는 리더

"윤경아, 너 좀 빠르다. 완전 애자일하게 문제를 해결하고 있어."

➜ (으쓱) ➜ (배려) "혹시 이 속도가 버거운 동료가 있으면 다음엔 이렇

게 해봐야겠어." → 개선 ○

   신기했다. 전에 지적받았을 땐 그렇게 발끈했던 바로 그 포인트가 아닌가. 하지만 이젠 찬찬히 복기하게 됐다. 일단 리더가 나의 속도를 인정해주니 비로소 주변을 볼 여유가 생긴 거다.

   오은영 박사 뺨치는 리더의 빅픽처(?)에 걸려든 나는 내 속도를 버거워할 수도 있는 동료를 배려하려 노력이란 걸 하기 시작했다. 어떤 리스크가 있을지 주변에 자꾸 물었다. 일이 신기하리만치 잘 풀렸다. 잔뜩 날이 서서 대치했던 동료와도 전보다 훨씬 부드러워졌다.

   다시 한번 강조하건대 이 모든 변화의 시작은 고질적인 단점이라 여겼던 나의 '조급함'에 '추진력'이라는 이름을 붙여준 팀장의 피드백이었다.

   언젠가 술자리에서 그가 한 말은 나의 확신에 쐐기를 박았다.

   "사람마다 반복해서 지적받는 단점은 정해져 있는 것 같아. 그런 거 있잖아."

   넌 너무 급해.

넌 너무 우유부단해.

넌 너무 걱정이 많아.

넌 너무 시니컬해.

"그런 얘기 들으면 누구나 주눅이 들게 되고. 근데 그게 실은 그 사람의 '덜 다듬어진 강점'일 수도 있더라고. 나도 그랬어. 어렸을 때부터 맘 약해서 죄다 퍼주는 호구란 이야기 많이 들었지. 무작정 믿다가 뒤통수도 맞고, 사람 배려하다가 정작 해내야 하는 일을 놓치고…. 근데 오래전에 내 팀장님이었던 분이 그러셨거든. 사람 챙기는 거, 진심으로 누군가를 위하고자 하는 마음, 그게 내 강점이라고.

왜, 사람들이 유재석한테 우유부단하다고들 하잖아. 근데 그게 유재석의 강점이야. 게스트들, 동료들 배려하면서 멘트 치고 진행하고. 그걸 단점으로 보기 시작하면 유재석은 무기가 없어지지 않겠어? 유재석이 이수근이나 김구라처럼 웃길 수 있는 사람은 아니니까.

다만 조심해서 쓸 필요는 있더라. 우유부단하지 않게, 사람 배려하다가 본디 달성해야 할 목표와 전혀 다른 길로 새지는 않게. 암튼 그 팀장님이랑 일한 후론 누군가의 단점이 보이면 거꾸로 해석하는 게 버릇이 됐어. 아, 저게 저 사람의 강점이구나, 하면서."

보통 리더는 팀원의 부족한 점을 꼬집어 고치라고 피드백하고, 체크한다. 그게 리더의 역할이라고 보고 배웠으니까. 하지만 어떤 리더는 팀원의 부족한 점조차 그의 덜 다듬어진 강점으로 해석한다. 그래서 그에게 기대하고, 그를 위해 진심으로 피드백한다.

조직에 나를 끼워 맞추기보단 나답게 일하고 싶어 하는 요즘 팀원에게, 조직의 성과보다 나의 성장이 중요한 요즘 팀원에게, 하란 대로 하기보다 주도권을 갖고 일하고 싶은 요즘 팀원에게. 그런 리더의 믿음은 통한다.

팀원의 마음을
움직이는
리더의 피드백

함께 일해온 리더들을 복기하다 보니 지난 10여 년의 시간이 그야말로 주마등처럼 지나갔다. 오랫동안 잊고 있었던 동료의 안부도 궁금했고, '그때 참 좋았지' 싶었던 순간도 적지 않았다. 반대로 '와, 그때로는 절대 돌아가고 싶지 않다' 싶은 몇몇 순간도 떠올랐다.

난 나름대로 직장생활을 재밌게 했다. 운이 좋았다. 하지만 그 운이 늘 통하진 않았다. 몇 해 전 여름은 특히 그랬다. 직장인으로서 희비 그래프를 그려보자면 땅굴을 아주 지하 100층까지 파고들고도 남았을 거다.

월요일이 오는 게 싫어 일요일까지 짜증 났던 그 암흑기. 아니, 토요일도 행복하지 않았던 땅굴기. 그때 나는 동료 한 명과 극한 갈등을 겪고 있었다. 내가 북극곰이라면 그는 남극 펭귄이었다. 서로 달라도 너무 달랐다. 그 동료를 '펭귄'이라고 칭해보겠다.

돌이켜보면 우린 드라마 〈미생〉 속 장그래와 장백기 비스무리했던 것도 같다. 나는 장그래처럼 다소 엉뚱한 이야기를 행동으로 옮기는 데 주저하지 않았고, 펭귄은 장백기처럼 철두철미했다. 철저히 계획을 짰고 리스크를 대비했다. 작은 아이디어 회의에서 부싯돌처럼 틱틱거리기 시작했던 우리는 어느새 언제 터질지 몰라 온 팀원들을 두려움에 떨게 하는 시한폭탄이 되어 있었다.

펭귄은 내가 어이없었던 것 같다.

'쟤 저런 아이디어를 대체 무슨 근거로 저렇게 주장하는 거지?' '리스크 체크도 안 해보고 무작정 실행해보는 건 학교 동아리 아닌가?'

표정과 눈빛, 때론 목소리로 그는 여지없이 불만을 표현했다.

나도 할 말은 있었다.

'펭귄 쟤는 저렇게 고민만 하고 검토만 하다가 어느 세월에 일을 하지?' '일단 해봐야 이게 될지 안 될지 알 수 있는 거 아닌가?' '안 해봤다고 해서 주저하고 있는 게 말이 돼?'

2가지 감정이 매 순간 교차했다. 아침 커피를 마시며 눈빛

광선을 한번 맞곤 '아… 내가 진짜 그렇게 대책 없고 철없는 아마추어인가' 자책했고 다 마신 커피잔을 씻으면서는 '근데 아무리 그래도 저렇게 말하다니. 펭귄 쟤 너무 꽉 막힌 거 아냐?' 불만이 터졌다.

그의 감정 곡선도 크게 다르지 않았다. 결국 우린 북극곰과 펭귄의 평행선을 달리며 퇴사라는 폭탄을 터뜨리기 일보 직전까지 갔다. 뭐 비단 우리만의 문제는 아니다. 실제로 취업 포털 잡코리아와 알바몬이 직장인을 대상으로 한 설문조사에 따르면, 퇴사할 때 차마 말하지 못한 이유 1위는 '상사, 동료와의 갈등'이라고 하니까.

그렇게 하루에도 몇 번씩 '사직서.docx'가 바탕화면과 휴지통을 오갔다.

하지만 나는 퇴사하지 않았다. 그뿐인가. 그때 그만뒀으면 어쩔 뻔했을까 싶을 정도로 인생 그래프는 오존층도 뚫고 성층권도 뚫었다. 나는 그 후로 훨씬 즐겁게, 훨씬 몰입해서 일하고 있다. 변곡점을 만든 건 역시 리더였다. 좀 더 엄밀히 말하자면, '리더의 피드백'이 그랬다.

당시 나의 리더는 앞서 적어 내린 '오래 함께 일하고 싶었던 나의 리더들' 리스트의 영원한 첫 줄이다. 그저 막연하게 존경했고, 무턱대고 고마웠던 분. 그 막연한 감정의 원인을 이참에 한번 파헤쳐봤다. 나도 따라 하고 싶었다. 갈등 에너지를 고스란히 몰입과 시너지 에너지로 전환시킨 그 마법을.

(자주 등장할 테니 이름을 하나 붙여드려야겠다. 70년대생이었고, 남성이었다. 통계청에 따르면 70년대 가장 흔한 남자 이름은 정훈, 성호, 성훈, 성진, 상훈이다. 그중 '정훈'을 고르겠다. 성은 무난하게 '김'. 그분은 지금부터 김정훈 팀장이다.)

기억에 깊이 남아 있는 김정훈 팀장님의 언행을 정리하니 A4 5장쯤 됐다. 내게 해준 말도 있었고, 내 동료가 그에게 들은 말이나 그에게 느낀 점도 있었다. 모아놓고 보니 그의 피드백 패턴이 보였다. 상황에 따라 단계에 따라 그는 이 3개의 문장을 차례차례 구사했다.

"너는 이렇게 일할 때 유난히 성과가 잘 나는 것 같아."
➡ 그는 나의 강점을 먼저 찾아줬다.

"실수나 갈등도 네 강점 때문일 수 있어."
➡ 그는 실수나 갈등도 내 강점에서 이유를 찾으려 했다.

"그런 위기를 피해 가게 하는 게 결국은 '태도'더라."
➡ 그는 내게 보완해야 할 태도들을 조언했다.

참 구구절절 썼지만 요약하면 이렇다.

팀장을 단 나는 '함께 오래 일하고 싶은 리더'가 되고 싶었다. 그 열쇠를 김정훈 팀장님의 3가지 피드백 패턴에서 찾았다.

CHAPTER 1
강점 캐치

○○아,
너 이거
진짜 최고다

피드백은
고쳐야 할 것을
지적하는 것이다?

근래 회자되는 MZ세대의 3대 '요'가 있다.

#제가요? #오늘요? #잘했지요?

그저 하라고만 하지 말고, 나여야만 하는 이유를 설명해달라는 '제가요?', 갑작스러운 회식이나 업무를 내키지 않아 하는 '오늘요?', 그리고 마지막으로 인정과 칭찬을 바라는 '잘했지요?'다. 이게 바로 요즘 팀원들이 그토록 갈구한다는 '인정'과 '성장' 욕구다. 이쯤 되면 이 책을 편 여러분의 한탄과 푸념이 여기까지 들린다. 하지만 그들이 이러는 이유가 분명히 있다. 우리는 살아보지 않아서 모르는 요즘 팀원들의 라이프 사이클에서 그 이유를 찾아보자. 대체 왜 그토록 인정과 성장이 중요한지.

- 5세　영어 유치원에 들어가기 위해 레벨 테스트를 봤다. 사과를 apple 로 읽을 수 있어서 미키반에 배정됐다.
- 10세　스마트폰이 생겼다. 아침마다 친구들이 SNS에 올린 #OOTD (오늘의 옷)에 이모티콘을 날려준다.
- 15세　외고 입시를 준비했다. 스터디 모임 친구들이 영어 성적을 3점 정도는 올려야 하지 않냐고 코멘트했다.
- 20세　인스타를 시작했다. 아침에 올린 사진의 '좋아요'와 댓글을 보니 '오늘은 꽤 괜찮았구나' 싶다.
- 25세　회사에 들어왔다. '어?' 평가는 1년에 한 번이라고 한다. 그마저 납득하기 어려운 기준이지만, 중요한 건 실시간 리액션이 사라졌다는 거다. 도무지 내가 잘하고 있는 것인지 확인할 길이 없다.

　　그래서 끊임없이 바란다. 나의 리더의 피드백을.

　　근래 일대일 미팅1on1이 유행처럼 번지는 까닭도 여기에 있지 않을까. 하도 피드백에 대한 갈증을 토로하니까. 하지만 시간 내서 만난다고 문제가 바로 해결되진 않는다.

　　팀장　"1on1을 했는데요. 기껏 시간 내서 했더니 나중에 그러더라고요. 그래서 결국 달라진 건 없었다고."
　　팀원　"그냥 숙제하러 나오신 것 같았어요. 뻘쭘하게 일 어떠냐고 묻고, 대충 칭찬 좀 해주시고. 그게 끝이던데요.”

중요한 건 1on1 자체가 아니라 그 시간에 나누는 피드백이 목적을 달성했는지의 여부다. 목적은 ‘팀원의 행동을 변화’시키는 것 아닌가? 열심히 만났는데도 달라진 게 없다면 한번 의심해봐야 한다. 요즘 팀원들에게 유효한 피드백은 내가 그간 생각했던 그 피드백이 아닐지도 모른다고.

그래서 나 역시 리더의 고민이 시작된 이후 이것부터 확인하고 싶었다. 내친김에 또래가 모여 있는 단체 카톡방에 물어봤다.

“상사에게 피드백 들었을 때 어땠어?’

답은 빠르게 왔다. 흠, 우는 이모티콘이 이렇게나 다양했나. 형형색색의 눈물이 어지럽게 이어지더니 이런 이야기들이 나왔다.

• 숨이 막혔다.

• 때려치우고 싶었다.

• 동기랑 술 약속을 잡았다.

• 자괴감이 들었다.

가슴을 저미는 자기 고백 중 백미는 이거였다.

'너나 잘하세요' 싶었다.

근데 이상하다. 나는 그냥 상사에게 피드백을 들었을 때라고 했지, 잘못을 지적받았을 때라고 하지 않았는데? 왜 약속이라도 한 듯 잘못을 지적받은 시절의 기억을 끄집어내는 걸까. 피드백의 사전적 정의는 '진행된 행동이나 반응의 결과를 본인에게 알려주는 일'이다. 우린 피드백을 단단히 오해하고 있을지 모른다. 내가 이걸 깨달은 건 리드 헤이스팅스와 에린 마이어가 쓴 《규칙 없음》에서 넷플릭스의 4가지 피드백 원칙을 읽고서다.

1. 피드백은 잘못을 까는 거다?　아니다. 좋은 피드백은 일어난 행동을 지적만 하지 않는다. 현실적인 대안을 꼭 제시한다. (넷플릭스, Actionable)

2. 상사가 화가 나서 하는 거다?　아니다. 좋은 피드백은 상대에게 도움을 주고 싶단 선의에서 출발한다. '너 왜 일을 이따위로 해?'가 아니라 '너 이렇게 하면 좀 더 좋아질 듯?'이다. (넷플릭스, Aim to assist)

3. 들으면 그대로 해야 한다? 아니다. 좋은 피드백의 전제는 '내 생각은 이런데, 받아들이는 건 네 선택이야'다. 아닌 말로 세상에 정답이 1개인 문제가 수학 외에 존재하기나 할까. 자기 피드백대로 하지 않는다고 역정 내는 리더는 정답이 아니다. 특히 누가 뭐래도 나답게 사는 MZ의 시대엔. (넷플릭스, Accept or Discard)

4. 받으면 마음 아픈 거다? 아니다. 받으면 일단 고맙다고 해야 한다. 그 피드백이 무례하지 않고, 나의 발전을 위해서라는 게 느껴지면 더더욱. 왜냐면 그래야 다음에 또 해주기 때문이다. 난 아직 좋은 피드백보다 더 힘센 성장 동력을 보지 못했다. (넷플릭스, Appreciate)

달랐다. 우리가 받았고, 해왔던 피드백과는 많은 부분이 달랐다. 혹시 여기에 단서가 있진 않을까? 내친김에 내가 했던 피드백 하나를 적어봤다. (여러분도 각자 가장 최근에 했던 피드백을 아래 빈칸에 적어보자.)

내가 했던 피드백	여러분이 했던 피드백
후배인 최대리 에게 근무 시간 중 사내 카페에서 보내는 시간을 줄이 라고 말했다. 그의 반응은 내 눈치를 본다. 카페 대신 메신저에서 수다 떠는 듯….	_____ 에게 _____ 라고 말했다. 그의 반응은 _____ _____ _____ 다.

넷플릭스 원칙에 따라 내가 했던 그 피드백을 뜯어볼 차례다. (넷플릭스 피드백 원칙 4가지 중 4번은 받는 이의 관점이니 1, 2, 3번에만 체크해보자.) 고백하자면 난 셋 다 YES가 나왔다.

1. 상대의 잘못만 깠다. YES or NO

→ YES, 근무 시간에 책상에 붙어 있어야지 그게 뭐냐고 질타했다.

2. 화가 나서 피드백했다. YES or NO

→ YES, 말할 때 표정 싹 굳고 말투에 짜증도 묻어 있었다.

3. 내 말대로 안 하면 화가 났다. YES or NO

→ YES, 달라지지 않자 그의 일거수일투족에 짜증이 났다.

그렇다. 나는 근무 시간에 자꾸 카페 가서 노가리 까는 것 같은 후배에게 표정 싹 굳은 얼굴로 짜증을 냈고 자꾸 그러자 더 화가 났다.

나처럼 YES가 3개 나왔으면 이 책을 꼭 마지막까지 읽어주십사 읍소하고 싶다.

'아니… 잘해야 잘한다고 하지. 잘못한 걸 잘못했다고 말도 못 해요?'

'무슨 애도 아니고 회사에서 그렇게 우쭈쭈까지 해야 합니까?'

라고 생각하는 것, 안다. 하지만 당신의 팀원들은 리더가 까란다고 까지 않는다. 리더는 사람을 움직여 성과를 내야 하는 사람. 결국 MZ세대의 마음을 움직일 수 있는 커뮤니케이션이 리더의 성패를 좌우하는 시대다.

그런 커뮤니케이션, 어떻게 하냐고? 이제 진짜 이야기를 시작해보려 한다. 팀원의 마음을 움직이는 피드백, '강점으로 말하는 방법'을.

우린 각자의
강점으로
성과를 낸다

아까 그 펭귄과의 갈등 이야기를 다시 꺼내보자. 지금이야 어제 본 드라마 줄거리 말하듯 썰을 풀지만 당시엔 피가 말랐다. 자책과 짜증이 수시로 반복됐다.

그때 소방수로 등판한 게 김정훈 팀장님이었다. 그는 우리 둘의 이야기를 듣는 데 꽤 오랜 시간을 썼다. 그렇다고 누구의 편을 들지도, 애들처럼 싸웠다고 뭐라고 하지도 않았다. 그는 그저 우리에게 비슷한 이야기를 반복했다. 처음엔 하나 마나 한 말로 들리던 것이 몇 주쯤 반복되자 미묘한 변화가 시작되었다. 그의 논지는 이랬다.

장그래같이 엉뚱한 아이디어를 던졌다고 한 소리 들은 내겐 이렇게 말했다.

"북극곰 아이디어 창의적이네. (허무맹랑이 아니라.)"

펭귄에게 까인 걸 계속 자책하던 내게 위로가 됐다. '그치. 내 아이디어 괜찮다니까?'

장백기처럼 융통성 없는 의견만 고수했던 펭귄에겐 이렇게 말했다.

"펭귄 의견 역시 충분히 합리적인 의심이고. (싸가지 없는 게 아니라.)"

순간 나도 그런 생각이 들었다.

'그치. 펭귄이 융통성은 좀 없지만 절대 헛소린 안 하지. 알아, 나도. 합리적인 의견이란걸.'

펭귄도 나와 다르지 않아 보였다. 아마 이렇게 생각하지 않았을까.

'그치. 북극곰이 좀 너무 급하긴 하지만 문제를 집요하게 해결하는 애지. 알아, 나도. 그게 요즘 말하는 애자일이란 거.'

그렇게 팀장님과의 면담을 한 달쯤 계속했을 즈음엔 회의실의 온도가 3도쯤 올라 있었다.

많은 경우 리더는 '편'을 든다. 네가 잘했고, 네가 잘못했고. 하지만 팀장님은 우리를 잘난 놈 못난 놈, 잘한 놈 못한 놈으로 나누지 않았다. 나는 엉뚱하지만 신박한 아이디어를 빠르게 추진해서 성과 내는 놈, 펭귄은 철저한 계획과 계산으로 성과 내는 놈이었다. 그에 따르면 우린 둘 다 꽤 괜찮은 팀원이었다.

한마디로 그의 이론은 이거였다.

'우린 각자의 강점으로 성과를 내잖아. 누가 틀린 게 아니라.'

사실 팀장님의 커뮤니케이션은 생소했다. 뭘 고치라고 하는 게 아니라 자꾸 내 강점을 이야기했다. 안다. 칭찬은 돈이 들지 않는다. 고로 누구나 할 수 있다. 다만 빈말로 들리는 칭찬과 진심이 묻어나는 칭찬은 다르다. 팀장님의 칭찬은 빈말로 들리지 않았다. 구체적인 예를 들었고, 그 사례를 나의 강점으로 해석해서 이야기했기 때문이다. 전사 워크숍에서 짧은 시간에 새로운 이벤트를 준비해서 진행했던 때도 그랬다.

"윤경, 너는 추진력이 정말 강하다. 보통 이런 일은 이런저런 검토만 하다가 타이밍을 놓치기 십상이거든. 다음에 시도해보죠, 하면서 말야. 근데 이걸 일주일 만에 해내다니. 앞으로 로켓이라고 불러야겠다."

보통 리더의 피드백은 '일'에 집중되어 있다. '윤경 덕분에 이번에 KPI를 120% 초과 달성할 수 있었어'처럼. 근데 그는 '일'뿐 아니라 '나'에 대해 피드백했다. 이런 식이다.

"윤경의 추진력 있는 업무 진행 덕에(나) 이번에 KPI를 120% 초과 달성(일)할 수 있었어."

'일'이 아니라 '나'에 대해 이렇게 자세하게 코멘트를 해준 리더는 그가 처음이었다. 아니, 리더로서 처음이었던 게 아니라 그런 사람 자체가 생소했다. 일을 잘하려면 이런이런 걸 잘해야 한다는 이야기는 많이 들었지만 '윤경은 이런 걸 잘하니 이런 프로젝트를 이런 방식으로 잘 해낼 수 있겠다'는 커뮤니케이션은 처음이었다. 늘 사회와 조직이 요구하는 역량을 갖추려 발을 동동거렸는데 그는 거꾸로 내가 잘 해낼 수 있는 일의 방식에 조직의 니즈를 연결했다. (바로 이것이 요즘 말로 얼라인align이다.)

그 피드백을 듣고 태어나 가장 진지하게 고민했다.

'이게 내 강점인가? 이거 써먹어보고 싶은데?'

강점을 선뜻 인정 못 하는 사회

'잘하는 게 뭘까요?' 사실 오래된 고민이었다. 20대 어느 무렵이었을 거다. 앞으로 어떻게 먹고살아야 할지 답답한 마음에 초록창에 물어보려던 참이었다.

그런데 엥? '잘하는 게'까지만 쳤을 뿐인데 연관검색어가 붙어 나왔다.

'잘하는 게 없어요.'

대체 얼마나 많은 사람들이 늦은 밤 초록창에 고민을 털어놓은 걸까. 중고생이나 취준생의 고민일 거란 짐작은 보기 좋게 어긋났다. 한 직장에 수십 년을 다니고 정년퇴직한 중년 남성도 초록창에 한숨을 쉬었다.

'수십 년 매일같이 뭔가를 문서에 쓰면서 일했는데, 정년퇴직하고 나니 내가 뭘 잘하는 사람인지를 모르겠네요.'

10년 전쯤 작성된 그 글을 보며 나는 중얼거렸다.

'아저씨… 우리 다 그런 것 같아요….'

'덕업'이 일치되고 '관종'이 인정받는 요즘과는 달리 불과 몇 년 전만 해도 우리에게 '자랑'의 문화는 낯설었다. 벼는 익을수록 고개를 숙인다고 했고 모난 돌이 정 맞는다고 했으며 둥글게 살아야 한다고 배웠으니까. 아주 흔한 사례가 있다. 누군가 당신에게 이렇게 칭찬을 했다고 하자.

"진짜 기획력이 탁월하세요. 감탄했습니다."

당신의 반사적인 대답은 무엇일까?

거의 'How are you? — Fine thank you, and you?'와 비슷한 확률로 튀어나오는 답변은 이거였을 거다.

(휘적휘적 손사래 + 붉어지는 낯빛) "아우~ 아니에요~!"

왜? 칭찬받으면 감사해하는 게 아니라 일단 부정하는 것이라 배웠으니까.

이제껏 한국은 겸손과 평균의 나라였다. '잘하는 걸 선뜻 말하지 못하는 건 우리 잘못이 아니에요'라고 모니터 속 아저씨에게 이야기해주고 싶었다.

그때부터 '강점'이란 녀석을 파기 시작했다. 이거다 싶었다. 나는 만나는 사람마다 강점 이야기를 했는데, 그들의 눈동자는 한결같이 이렇게 물어보고 있었다.

'근데 강점이 뭐야? 잘하는 거? 엑셀이나 수학 같은 거?'

다르다. 이걸 설명하는데 '메시의 왼발'만 한 메타포가 없다. 축구는 몰라도 메시는 안다는 레전드 메시를 잠시 소환해보자.

평범한 우리에게도 '메시의 왼발'이 있다

메시는 왼발로 슛을 쏜다. 그라운드에서 맞닥뜨리는 결정적인 찬스의 92%에서 왼발을 선택한다. 중요한 건 그 경기장에서

팝콘을 튀기는 매점 직원조차도 메시가 왼발을 쓸 것이라는 사실을 알고 있지만 그 골은 높은 확률로 들어간다는 것. 왼발은 메시가 그라운드에서 성과를 내는 일종의 패턴이다. 어떤 상대와 싸우든 어떤 위치에서 공을 차든 골문을 뚫곤 하는 '성과 내는 패턴'.

'에이, 메시잖아요.'
'그런 건 메시 같은 스타들한테나 있는 거 같은데.'
'전 평범한 사람이에요….'

아니다. 이게 포인트다. 분명 있다. 평범해 보이는 우리에게도 왼발이 있다. 어디서 어떤 일을 하든 탁월한 성과를 내는 나의, 당신의 패턴인 강점이 분명 있다. 평균점수를 올리느라, 조직의 요구에 맞추느라, 단점을 보완하느라 바빠 들여다보지 못했을 뿐.

이런 거다. 메시가 우리나라 초등학교 축구부였다고 하자. 왼발을 곧잘 쓰는 메시에게 코치 선생님은 이렇게 말하지 않았을까.

"어이 메시, 너 왼발은 곧잘 하니까 이제 오른발 훈련 좀 해."
"아니다. 골키퍼 하던 애 전학 갔으니까 네가 골키퍼 좀 해라."

축구장에서 사무실로 배경을 옮겨도 마찬가지이다. 강점은 '성과를 내는 패턴'이자 '문제를 해결하는 패턴'으로 해석할 수 있다. 실제로 우리는 같은 문제를 다르게 푼다.

문제 상황　여기는 식품 회사 마케팅팀, 올해 실적이 부진했던 상황에서 내년도 마케팅 전략을 수립해야 한다. 팀원 A, B, C에게 그 역할이 맡겨졌고, 킥오프 회의에서 R&R_{Role and Responsibilities}을 나누는 중이다. 이들은 어떻게 '실적 부진'이라는 문제를 해결할까?

냉철한 A　"일단 이번 분기 데이터를 분석해서 시즌별, 제품별 추이를 좀 분석해볼게요."

꼼꼼한 B　"보고서 제출이 2주 후니까 데이터 분석은 A가 다음 주 화요일 오전 11시까지 해보면 어때요? 그거 받아서 타사 사례랑 현장 보이스 붙이면 일정이 맞을 것 같아요."

발 넓은 C　"제가 타사 사례를 모아볼게요. 식품업계 마케터들 모임이 있는데 거기에 물어보면 생생한 사례들을 받아볼 수 있을 것 같아요."

A, B, C 세 사람은 각기 다른 방식으로 문제를 해결한다. A는 예전부터 숫자를 다루거나 문제점을 파악하는 데 능했을 가능성이 높다. B는 가족 여행을 가더라도 미리 일정을 꼼꼼하게 체크하고 현실 가능성을 타진했을 것이다. C는 이른바 '마당발'이었을 것 같다. 이게 바로 이들의 '강점'이자 '왼발'이다. 쉽게 사용할 수 있고 성과로 이어질 가능성도 높은 강점. 그런데 여기에 팀장 D가 있다고 해보자.

독단적인 팀장 D "2주 안에 보고서를 내야 하니까요. C가 분석하고 A가 사례 수집하죠. B는 보고서 템플릿 조사하면 되겠네."
일동 "네…."

　　우린 사실 많은 경우 이렇게 일해왔다. 조직과 리더가 주는 미션을 일사불란하게 성실히 수행하는 것. 그래서 이런 고민을 했다.
　　'조직이 내게 요구하는 것을 어떻게 잘 해낼 수 있을까?'
　　하지만 요즘 MZ 팀원의 고민은 다르다.

　　'내가 하고 싶고 잘할 수 있는 것을, 조직에서 어떻게 발휘할 수 있을까?'

앞서도 언급했지만, 실제로 이들에게 조직의 성과보다 훨씬 중요한 건 개인의 성장이다. '이기적이네' 혀를 끌끌 찰 생각일랑 하지 말길 바란다.

이들은 조직이 직원을 보호해주지 않는다는 것을 온몸으로 느끼며 자라왔다. 회사가 어려우면 채 서른 살이 되지 않은 이들도 명예퇴직 대상이 된다. 저성과자는 아예 책상을 치워버리는 냉혹한 현실을 듣고 자랐다. 이들에게 조직에 대한 헌신은 그저 '7개월 근속' 정도를 의미한다. 조직이 원하는 방식으로 나의 '엣지'를 깎거나 묵힐 이유가 이들에겐 없다. 그런 조직에선, 나가면 그만이니까. '라떼'만 해도 술자리에서 표현되던 조직에 대한 불만을 이들은 사직서로 표현한다.

그래서 그들의 강점은 중요하다. 요즘 팀원의 만족, 리더의 조직 관리, 조직의 성과… 이 모든 것의 키가 바로 '강점'이니까.

나다운 게 뭔지
알고 싶은
요즘 팀원들

MBTI는 요즘 MZ세대에겐 제2의 이름 같은 거다. 자기소개의 단골 패턴이 된 지 오래다.

"안녕하세요. 저는 주어진 책임을 끝까지 완수하는 ISTJ, 홍길동입니다."

"전 ENTP예요. 일단 E! 사람들과 있을 때 에너지를 얻는 타입이죠."

MBTI가 두루 쓰이는 이유 중 하나는 '나에 대해 정의하고 싶은' 심리가 아닐까. 나답게 살고 싶지만 그렇다고 '나다운 게 뭔지' 확신은 없는 거다. 그래서 MBTI 유형의 심리 테스트는

순식간에 퍼진다.

"나 이거래, 넌 뭐야?"

당신의 팀원도 마찬가지다. '하란 대로 말고, 저답게 일하고 싶어요'라고 하지만 정작 '나답게 일하는 게' 뭔지에 대한 확신은 적을 가능성이 크다.

그럴 때 유용한 툴이 있다. MBTI가 일반적인 성격을 진단해 주는 툴이라면 '내가 좀 더 성과를 낼 수 있는 패턴'에 대해 짚어 주는 툴이 바로 '태니지먼트_{www.tanagement.co.kr}'의 강점 검사다.

내가 일하고 있는 '대학내일'에선 입사자들에게 이 말을 가장 먼저 한다. '자기다움으로 지극히 정진하여 아름다운 꽃을 피우길 바랍니다.'

그냥 하는 말은 아니다. 그 '자기다움'을 아는 데 도움을 주기 위해 입사와 동시에 태니지먼트 강점 검사를 하게 하고, 오리지널 강점 워크숍을 개발해서 그 활용법을 가이드하니까. 나 역시 그 과정을 통해 '이거다!' 싶은 내 인생의 강점을 찾은 사람이다.

강점은 엑셀이나 PPT, 디자인과 같은 특정 스킬이 아니라 '패턴'이다. 어디서든 어떤 일을 하든 문제를 해결하고 성과를 낼 수 있는 각자의 패턴 말이다. 앞서 팀원 A, B, C가 실적 부진을 개선하기 위한 전략을 짤 때 '자신의 강점'을 썼던 것을 기억하는지? 이번엔 또 다른 사례를 들어보자.

문제 상황　　냉철한 A와 발 넓은 B는 줌에서 중요한 워크숍을 진행하고 있다. 근데 갑자기 줌 연결이 끊겼다. 20여 명의 팀원들이 팀 메신저에서 외쳐댄다. '줌이 갑자기 끊겼어요.' '어떻게 하면 되나요?' '잠깐 화장실 다녀올게요~!'

이때 A와 B는 각기 다른 방법으로 문제를 해결하려 한다.

냉철한 A　　"같은 상황에서 진행한 어제 워크숍은 문제가 전혀 없었던 걸로 봐서 호스트의 네트워크 문제인 것 같습니다. 네트워크를 다시 체크해보겠습니다."

➝ 객관적으로 분석하여 원인을 캐치, 문제를 해결하려 한다.

발 넓은 B　　"혹시 줌 잘 다루시는 분, 계실까요?"

➝ 잘 알 법한 사람을 연결해서 문제를 해결하려 한다.

이게 바로 문제를 해결하는, 성과를 내는 A와 B의 강점이다. 안다. 강점의 개념이 머릿속에 확 와닿지 않는다는 것을. 그렇다면 '바퀴'를 떠올려보자.

모든 직장인에겐 조직이 부여한 목표가 있다. 그곳을 향해 달려가야 하는 깃발 같은 것이라고 생각하면 쉽다. 그 깃발이 정해져 있는 것은 맞지만 거길 향해 달려가야 하는 우리 모두의 방법은 다르다. 그걸 '바퀴'라고 치자.

<두 바퀴 중 어느 바퀴를 굴려야 목표 지점에 빨리 도달할까?>

내게 지름 1cm짜리 작은 바퀴와 1m짜리 큰 바퀴가 있다고 해보자. 작은 바퀴는 아무리 열심히 굴려봤자 좀처럼 앞으로 나가지 못한다. 더디니 속도 터지고, 조직은 언제 저기까지 갈 거냐고 채근한다.

우리가 굴려야 할 것은 큰 바퀴다. 같은 에너지를 들였을 때 훨씬 빠르게 나가고 신나게, 재밌게 굴려서 깃발까지 갈 수 있는 그 큰 바퀴.

중요한 건 각자의 큰 바퀴가 모두 다르다는 점이다. 예를 들어 추진력이 유난히 강한 내겐 '속도'가 큰 바퀴고, 꼼꼼하게 일을 처리하는 '디테일'은 작은 바퀴다. 꼼꼼하고 싶은 욕심에 작은 바퀴만 아무리 굴려봤자 깃발은 계속 저 멀리다. 이럴 땐 내 큰 바퀴(속도)를 굴리며, 디테일이 큰 바퀴인 동료를 찾아 서로 협력하는 게 맞다. 각자가 신나게, 나답게 일하면서 동료에게 기대어 성과 낼 수 있게.

한번 의심해보자. 내가 했던 그 피드백, 혹시 상대의 작은 바퀴를 채찍질한 것은 아닐까? 꼼꼼하지만 빠르진 않은 팀원에게 빨리 달리라고 요구했고, 반대로 추진력이 뛰어난 팀원에게 소질 없는 디테일을 요구하진 않았을까?

사실 우리의 피드백이 '깃발'에만 초점을 맞췄던 것도 당연하다. 리더는 성과를 책임져야 하는 자리고, 우리는 그런 피드백을 들으며 여기까지 왔으니까. 하지만 한 가지 분명한 게 있다. 각기 다른 어마무시한 큰 바퀴를 장착한 팀원들이 당신의 팀에 있다. 그건 그들의 강점이자 팀장인 당신의 자산이다. 잘 보고, 잘 쓴다면 말이다.

태니지먼트에선 그 바퀴, 즉 강점을 8가지로 분류한다. 자, 아래의 단어를 딱 세 번씩만 읽어보자.

추완조평탐창동외
추완조평탐창동외
추완조평탐창동외

안다. 생소하다.

추진 / 완성 / 조정 / 평가 / 탐구 / 창조 / 동기부여 / 외교

　이 여덟 단어의 약자인데 이렇게 풀어놓아도 생소하고 국어사전 읽는 것처럼 재미없다. 하지만 장담컨대 한번 익숙해지면 이만한 대화의 소재가 없다. MBTI 처음 들었을 땐 대체 E가 뭔지 I가 뭔지 머리 아팠던 것을 기억한다. 하지만 조금 익숙해진 지금은 귀로 들리는 상대의 말이 실시간으로 해석된다.

　"너 완전 '파워 E'지? 어쩜 그렇게 대화의 소재가 안 끊기니?"

　일단 두뇌를 풀가동해보자. 한 다섯 번쯤 머리 아프고 나면 당신도 강점으로 얼마든지 수다 떨 수 있다. 한마디로 동료와 팀원, 지인들에게 긍정적인 영향을 끼칠 수 있다. 도대체 어디까지 물어봐야 선 안 넘는 것인지 헷갈리는 요즘, 그런 걱정 없이 '마'가 뜨는 걸 막을 수 있다. 예를 들면 이렇게.

　"너 동기부여에 강점 있지? 아까 회의에서 ○○ 아이디어에 리액션하는 거 보는데, 딱 동기부여형이더라고."

　MBTI가 E/I, S/N, T/F, J/P 8가지 키워드로 우리를 표현하듯 강점도 8가지로 나뉜다. (낯설다. 익숙해지려면, 이미 여러분의 머릿속에 축적된 데이터와 연결시키는 게 빠르다.) 각 강점별로 한 명 한 명 떠오르는 사람을 메모하며 읽어보자.

급선무는
나와 팀원들의
강점을 캐치하는 것

방법 1. '딱 걔네' 게임

지금부터 8개의 상황을 제시하겠다. 각 상황마다 '딱 걘데' 싶은 '걔'가 있을 것이다. 지인이나 가족도 괜찮지만 가급적 일로 만난 이들을 떠올려보면 훨씬 활용도가 좋다. 떠오르면, 각각의 빈칸에 이름을 적자. 본인을 적어도 좋고, 한 사람이 2회까지는 중복되어 들어가도 좋다. 자, 시작해보자. "어머, 딱 걔네?"

#1.　　　이곳은 킥오프 미팅이 한창인 회의실. 장장 2시간에 걸친 마라톤 회의가 끝나갈 무렵, 모두가 지친 기색이 역력하

다. "킥오프는 여기까지 하죠"란 팀장의 말에 모두들 화색이 돌며 노트북을 덮는다. 바로 그때, 누군가가 엔터키를 탁 치며 말한다.

"수고하셨습니다! 내일부터 우리 팀 To Do와 R&R 리스트를 방금 메일로 발송했습니다!"

회의가 끝나기도 전에 다음 할일을 작성하고 이를 쫙쫙 그어가며 빠르게 일하는 사람은 딱 _____! 그는 **추진 강점자**일 가능성이 높다.

 # 2. 모두들 다음 분기 마케팅 기획서 작성에 여념이 없다. 각자 맡은 부분을 조사하고 정리하면 이를 취합해서 한 명이 다듬는 프로세스. 늘 마지막 주자로 거론되는 이가 있다.

"마무리는 ○○가 해야지. 오탈자 하나도 용납하지 않는 디테일 끝판왕이잖아."

마지막 0.1%의 완성도를 위해 기꺼이 매의 눈을 부릅뜰 만한 사람은 딱 _____! 그는 **완성 강점자**일 가능성이 높다.

 # 3. 팀에서 제주도로 워크숍을 가게 됐다. "○○가 TF라고?" TF 멤버를 알게 된 팀원들의 반응은 둘로 갈렸다.

'가서 대충 쉬고 오고 싶었는데 다 글렀네. 일정 완전 촘촘할 거 아냐.'

'덕분에 일사천리로 딱딱 움직이면 되니까 난 좋은데?'

예상대로 그는 엑셀로 15분 단위의 일정과 좌표를 큐알코드까지 만들어 팀에 뿌렸다.

엑셀로 R&R과 일정을 매우 꼼꼼하게 계획하고 관리하는 사람은 딱 ＿＿＿＿＿＿＿＿! 그는 **조정 강점자**일 가능성이 높다.

 # 4. '이건 현실성이 없는 것 같은데요?' '이건 수익률 측면에서 우리에게 득이 될 게 없어 보입니다' 같은 말로 회의 때마다 긴장감을 불러일으키는 팀원이 있다. 목소리 큰 사람 의견에 떠밀려가기에 십상인 회의실의 분위기를 바꿔놓는 건 이들이 내놓는 '팩트'다.

현실성과 리스크를 냉정하게 지적하는 사람은 딱 ＿＿＿＿＿＿＿＿! 그는 **평가 강점자**일 가능성이 높다.

 # 5. '그건 ○○한테 물어보면 제대로일 거야.' 특정 분야에 대해선 누구도 부정할 수 없는 지식과 인사이트를 가진 이들이 있다. 그냥 겉핥기식이 아니라 호기심을 가지고 깊이 파고든 덕에 한 마디를 물으면 백 마디의 답이 나오는 자판기 경지에 이르렀다.

특정 분야에 깊이 있는 지식을 가진 사람은 딱 ＿＿＿＿＿＿＿＿! 그는 **탐구 강점자**일 가능성이 높다.

#6.   같은 프로젝트를 해도 다르게 접근하는 이들이 꼭 있다. 진부한 것을 선호하지 않을뿐더러 평범하고 뻔한 것들을 묶어 신박한 아이디어로 재탄생시키는 것에도 소질이 있는 이들이다. 그래서 '뭐 새로운 거 없나' 싶을 땐 이 사람을 찾아가는 게 직방이다.

'어떻게 저런 생각을 하지?' 싶은 아이디어를 제시하는 사람은 딱 ....! 그는 **창조 강점자**일 가능성이 높다.

#7.   팀마다 꼭 한 명씩 있다. 동료가 의견을 내면 앞으로 몸을 15도 정도 기울인 채 얼굴 근육을 힘껏 움직이며 리액션해주는 팀원. 좀처럼 말을 끊지도, 어이없는 의견이라고 힐난하는 일도 없다. 그래서 그가 있는 회의에선 다들 말이 많다. 들어주고 반응해주는 이가 있어서.

신박한 아이디어를 내는 게 아니더라도 리액션과 표정만으로 회의 분위기를 업시키는 사람은 딱 ....! 그는 **동기부여 강점자**일 가능성이 높다.

#8.   문제를 해결하는 방식은 모두 다르다. 누군가는 골똘히 구글링을 하고, 누군가는 바로 전화기를 든다. '가만있어봐. 나 그거 아는 사람 알아.' 후자는 이른바 '부탁'을 통해서 문제를 해결할 수 있는 사람인데, 이런 사람이 한 명쯤 있으면 마

음이 참 든든하다.

문제가 생겼을 때 해결할 수 있는 사람과 자료를 기가 막히게 찾아오는 사람은 딱＿＿＿＿＿＿＿＿＿! 그는 외교 강점자일 가능성이 높다.

자, 이름 다 적었는지 한번 쭉 보자. 그런데 말이다. 이거, 맞는 걸까? 지레짐작일 수 있으니 방법을 하나 더 써보자.

방법 2. 뒷담화 분석

한번은 술자리에서 그날 있었던 짜증 나는 일을 토로하고 있었다.

"나 진짜 답답해 죽겠어. 이번 프로젝트에 필요한 디자인 시안을 우리 팀 디자이너한테 요청했거든. 근데 너무 느려. 느려도 너무 느려. 쫀다고 뭐라고 할까 봐 말은 못하고 있는데 속이 문드러진다. 흑흑."

그때 누가 지나가는 말로 이렇게 말했다.

"니가 너무 빠른 거 아냐?"

시간이 한참 지나 그의 말을 복기하니 이거다 싶었다. 맞다. 우리의 짜증은 상대의 부족이 아니라 나의 높은 기준 탓일 수 있다. 즉 나의 짜증에서 나의 강점을 발견할 수 있다는 말씀.

A 왈   "저 사람은 행동하지 않고 고민만 하고 있어서 답답해"

　　이런 짜증 섞인 뒷담화를 하는 A는 '추진'에 강점이 있을 가능성이 있다. 왜? 본인은 빠르게 치고 나가며 일을 되게 만드니, 다른 강점을 가진 팀원들의 속도가 답답한 것.

B 왈   "저 사람은 일을 제대로 깔끔하게 마무리하지 않는 것 같아"

　　이런 짜증 섞인 뒷담화를 하는 B는 '완성'에 강점이 있을 가능성이 있다. 왜? 본인은 1%의 디테일을 챙기며 일의 완성도를 높이니 다른 강점의 팀원들이 일을 대충 한다고 느끼는 것.

C 왈   "저 사람은 계획도 없고 일정을 자꾸 변경해서 답답해"

　　이런 짜증 섞인 뒷담화를 하는 C는 '조정'에 강점이 있을 가능성이 있다. 왜? 본인은 체계와 계획으로 승부하다 보니 다른 강점의 팀원들이 계획도 대책도 없다고 느끼는 것.

D 왈   "저 사람은 근거도 없이 주장만 하는 것 같아"

　　이런 짜증 섞인 뒷담화를 하는 D는 '평가'에 강점이 있을 가능성이 있다. 왜? 문제의 발견으로 승부하다 보니 다른 강점의 팀원들이 너무 '삘feel'로 일한다고 느끼는 것.

E 왈 "저 사람은 대책 없이 행동하는 것 같아"

이런 짜증 섞인 뒷담화를 하는 E는 '탐구'에 강점이 있을 가능성이 있다. 왜? 깊이 있는 지식과 경험으로 성과를 내다 보니 다른 강점의 팀원들이 너무 경솔하다고 느끼는 것.

F 왈 "저 사람은 변화하려고 하지 않고 매번 똑같은 식상한 행동을 해"

이런 짜증 섞인 뒷담화를 하는 F는 '창조'에 강점이 있을 가능성이 있다. 왜? 새로운 관점의 제시가 익숙하다 보니 다른 강점의 팀원들을 진부하다고 느끼는 것.

G 왈 "저 사람은 배려심이 없고 너무 강압적이야"

이런 짜증 섞인 뒷담화를 하는 G는 '동기부여'에 강점이 있을 가능성이 있다. 왜? 경청하고 리액션하는 게 익숙하다 보니 다른 강점의 팀원들이 배려가 부족하고 강압적이라고 느끼는 것.

H 왈 "저 사람은 소통이 제대로 안되는데. 너무 따로 노는 것 같아"

이런 짜증 섞인 뒷담화를 하는 H는 '외교'에 강점이 있을 가능성이 있다. 왜? 외부 자원을 적극적으로 연결해서 문제를 해결하는 스타일이다 보니 다른 강점의 팀원들이 너무 융통성 없다고 느끼는 것.

<강점별 뒷담화 사전>

강점	특징	불만
추진	목표를 달성하기 위해 주도적으로 일을 추진한다.	"저 사람은 행동하지 않고 고민만 하고 있어서 답답해."
완성	집중하여 일을 완벽하게 마무리한다.	"저 사람은 일을 제대로 깔끔하게 마무리하지 않는 것 같아."
조정	복잡한 일을 정돈하여 계획적으로 수행한다.	"저 사람은 계획도 없고 일정을 자꾸 변경해서 답답해."
평가	논리적으로 상황을 판단하여 객관적으로 진단한다.	"저 사람은 근거도 없이 주장만 하는 것 같아."
탐구	깊이 생각하고 의미와 대안을 찾아낸다.	"저 사람은 고민하지 않고 대책 없이 행동하는 것 같아."
창조	상상력을 발휘하여 새로운 것을 제안한다.	"저 사람은 변화하려고 하지 않고 매번 똑같은 식상한 행동을 해."
동기부여	다른 사람을 독려하여 팀을 움직인다.	"저 사람은 배려심이 없고 너무 강압적이야."
외교	외부 자원이나 소통으로 문제를 쉽게 풀어간다.	"저 사람은 너무 혼자 일하는 것 같아. 같이 일하면 바로 풀릴 일일 텐데."

첫 번째 피드백 패턴

핵심은 이거다. 그 사람이 빵빵하게 성과 내는 그 순간뿐 아니라 그 사람이 툴툴대며 뒷담화하는 그 포인트에서도 우린 그의 강점을 찾을 수 있다는 것.

방법 3. 태니지먼트 강점 검사

지난가을이었나. 오랜만에 만난 친구와 신나게 수다를 떨고 있었다. 소재는 역시나 '강점'이었다.

"넌 평소에 계획 잘 세우니까 조정에 강점 있을 것 같아."

"너 부탁도 잘하잖아. 외교에도 강점 있겠다."

듣고 있던 친구가 고개를 갸우뚱한다. 난 내가 맞게 본 걸 증명하고 싶었다.

"그럼 태니지먼트에서 진단 한번 받아볼래? 한 30분 걸려."

30분 뒤, 친구는 알 듯 모를 듯 미소를 지으며 내게 핸드폰을 내밀었다.

"나 동기부여랑 창조라는데?"

결론부터 말하자면 나는 선무당이었다. 단편적으로 본 친구의 모습을 갖고 판단한 것. 당신도 선무당일 수 있겠다 싶을 땐 전문 진단의 힘을 빌려보자. (나는 태니지먼트와 어떠한 이해관계가 없다. 영업이 아니라 '꿀팁'이니 한번 믿고 받아보시길.)

하긴 난 남만 몰랐던 게 아니라 나도 몰랐다. 검사를 받아보기 전엔 막연하게 이렇게 생각했던 것 같다.

'난 오랫동안 기획자로 일했으니까 창조 강점이 있지 않을까?'

'다른 사람한테 리액션 잘해주니까 동기부여 강점 있을 듯?'

하나는 틀렸고, 하나는 맞았다. 일단 짠, 이게 나의 그래프다.

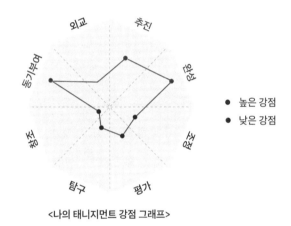

<나의 태니지먼트 강점 그래프>

'추진'과 '완성', '동기부여'가 뾰족하다. 한마디로 나는 이렇게 성과를 낸다.

- 일은 재빠르게 추진, 고고! ➡ 추진
- 나만 믿어, 디테일 끝판왕을 보여주지! ➡ 완성
- 팀원들아, 엄지 척 뿜뿜~! ➡ 동기부여

한편 내가 어림짐작했던 '창조' 강점은 매우 낮았다. (이 이 야기는 잠시 후에 다시 해보자. 눈물 없이 들을 수 없는 비하인드가 있다.) 결론적으로 이 그래프는 내게 아주 큰 위안을 줬다.

누가 그렇지 않겠냐만은 나 역시 늘 남의 떡이 부러웠다. 주로 내가 잘하지 못하는 영역의 떡이 커 보였다.

'쟤 어떻게 저렇게 문제 분석을 논리적으로 해내지?' '쟤 어떻게 저렇게 체계적으로 일하지?' (=난 뭐지?)

아니나 다를까, 문제를 짚어내는 '평가' 강점과 체계적으로 일을 진행하는 '조정' 강점 모두 높지 않았다. 하지만 다행스러웠다. 평가와 조정이 낮은 게 문제가 아니라 동기부여, 추진, 완성 강점이 높은 게 눈에 확 띄었기 때문이다.

'그래! 이게 내 떡이었어.'

내가 갖지 못한 뭔가를 가진 동료들이 늘 부러웠던 건 나의 강점에 확신이 없어서였다. 내 손에 쥔 떡이 뭔지를 모르니 자꾸 남의 떡만 쳐다보며 침 흘려왔던 것. 이 그래프를 보며 확신했다. 내게도 나의 떡, 나의 왼발이 있다. 남을 부러워할 시간에 내 강점을 써먹을 궁리를 하자. 밀레니얼 세대까지는 기억할 예능 〈인생극장〉의 한마디처럼 말이다. "그래, 결심했어!" (이 결심에 따라 내 인생이 어떻게 달라질지는 이 책을 끝까지 읽어보면 알 수 있다.) 요약하면 이 두 줄이다.

'아, 그래서 내가 자괴감을 느꼈구나.'
= 이건 남의 떡이다. 부러워 말고 손뼉 쳐주자.

'아, 그래서 내가 그때 성과가 났구나.'
= 이게 내 떡이다. 써먹고 박수받자.

각자의 강점은 팀의 강력한 무기

팀원의 강점에 주목해야 하는 이유는 비단 팀원의 성장과 만족 때문만은 아니다. 대놓고 말하자면 그것이 리더에게 좋고, 조직에도 이롭기 때문이다. 팀원들이 자신의 무기를 충분히 발휘했을 때 그 조직은 승률이 높아질 수밖에 없지 않나.

총 잘 쏘는 A는 총을 잡아야 한다. 발 빠른 B는 침투를 맡아야 하고, 무거운 거 잘 드는 C는 부대 식료품 수송에 투입되어야 한다. 마찬가지로 냉철한 A는 프로젝트의 문제를 분석할 때 훨훨 날고, 발 넓은 B는 외부 자원을 연결할 때 제 옷을 입는다.

반대로 꼼꼼한 C에게 일정을 섣불리 재단할 수 없는 업무를 맡기면 그는 위축된다. 내가 잘할 수 없는 것을 조직과 리더가 요구할 때, 성과는 줄고 불만과 스트레스는 느는 게 당연하지 않나. 번아웃은 대개 그렇게 온다.

중요한 건 우리는 많은 경우 자기 강점을 잘 모르고, 안다 해도 그걸 어떻게 써야 할지는 막막해한다는 것. 실은 이게 요즘 리더들에게는 호재일 수 있다!

모든 업무에서 리더가 팀원을 압도할 수 있는 시대는 지났다고 생각한다. 더 많은 정보를 더 빠르고 효율적으로 흡수하는 팀원 앞에서 팀장은 많은 경우 위축된다. 알려주고 지시해야 하는 것이 리더라고 배웠는데, 그런 의미에서 자신의 역할에 대한 자괴감이 들 수도 있다.

하지만 스킬과 전문성, 트렌드력으로 무장한 신입들이 절대 따라잡을 수 없는 리더만의 무기가 하나 있다. 그건 바로 '짬밥', 즉 경험이다. 그 경험은 팀장에게 일을 '넓게 보는 눈'을 부여한다. 이런 문제를 해결하기 위해 이런 것이 필요하고, 이런 문제에는 이런 히스토리가 있다는 것, 이 조직 구조는 이렇게 만들어졌다는 것을 주니어들은 알 도리가 없다.

쉽게 말해 축구 감독은 선수보다 빨리 뛸 순 없지만 이런 팀과 붙을 땐 이런 작전으로 가야 한다는 것, 이럴 땐 프리킥에 능한 누구를 기용해야 한다는 것은 잘 안다.

사무실에서도 마찬가지다. 내가 모든 팀원들을 압도할 생각은 애초에 버리고, 누가 어떨 때 성과를 내는지를 캐치해서 그

걸로 작전을 짜자. 그리고 그 작전의 첫 단추는 '칭찬'이다.

리더의 칭찬은 좀 특별하다. 경험을 바탕으로 팀원의 등잔 밑을 봐줄 수 있기 때문. 정작 팀원 자신은 인지하고 있지 못한 강점을 팀장은 캐치해줄 수 있다.

몇 해 전, 내가 쓴 기획서를 검토하던 팀장님은 한 페이지를 가리키며 이렇게 말했다.

"윤경아, 이 페이지는 진짜 너 아니면 이렇게 못 쓴다고 봐."

100페이지에 달하는 기획서를 1페이지로 시각화해놓은 페이지였다. 난 늘 습관처럼 써왔던 지라 얼떨떨했다.

"이렇게 논리적으로 구조화하고, 시각적으로 표현하는 거 후배들한테도 알려줘도 좋겠다."

칭찬은 고래도 춤추게 했고, 나도 춤추게 했다. 몇 주 지나지 않아 나는 후배들을 모아 〈논리와 구조〉라는 사내 스터디를 열었으니까. 이렇게 정작 자신은 특별하다고 생각하지 않았던 그 포인트를 정확히 짚어줄 수 있는 건 리더의 칭찬과 인정이다. 물론 이렇게 생각할 수도 있다.

"그렇다고 좋은 이야기만 해주면 기강이 어떻게 되겠어요. 가끔은 매서운 이야기도 해야 조직이 돌아가지 않나요?"

그런 당신에게 소개하고 싶은 실험이 있다. 에릭 모슬리의 《성과관리 4.0》에서 소개된 것으로, 2009년 갤럽이 리더가 어떤 피드백을 했을 때 팀원들이 몰입하고, 몰입하지 않는지를 측정한 연구 결과다. 나는 이 결과를 보고 무릎을 탁 쳤다. 일단 이 문제의 답을 맞혀보자. 다음 3개 그룹 중 팀원들이 가장 몰입한 그룹은 어디였을까?

그룹 A   리더가 아무런 피드백을 하지 않음.

(예시)   '….'

그룹 B   리더가 팀원의 단점에 집중해서 피드백함.

(예시)   "기한 늦으면 어떻게 해? 왜 그렇게 책임감이 없어?"

그룹 C   리더가 팀원의 강점에 집중해서 피드백함.

(예시)   "너는 높은 완성도가 강점이야. 자꾸 욕심이 나서 기한을 지키지 못한 것 같아.

일단 의외의 결과는 그룹 A와 B에서 나왔다. 리더가 단점에 집중하면 45%의 팀원이 적극적으로 몰입했고, 22%가 적극적으로 비몰입했다. 한편 무관심한 리더의 팀에선 단 2%의 팀원만 적극적으로 몰입했다. 적극적으로 비몰입한 팀원은 40%에 달했다. 한마디로 침묵할 바에는 단점으로 피드백하는 게 나은 것.

하지만 역시 탁월한 몰입을 보인 것은 그룹 C였다. 무려 61%의 팀원이 적극적으로 몰입한 것. 적극적으로 비몰입한 팀원은 단 1%에 불과했으니 차이가 이보다 확연할 수가 없다. 리더가 실수조차 강점으로 피드백해야 하는 이유다. (물론 그런 신뢰가 형성된 다음엔 개선해야 할 포인트에 대해 짚고 넘어가야 한다. 이 이야기는 다음 챕터에서 다룰 예정!)

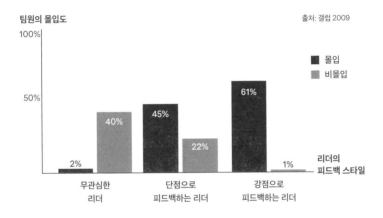

팀원의 몰입도

출처: 갤럽 2009

- ■ 몰입
- ■ 비몰입

	몰입	비몰입
무관심한 리더	2%	40%
단점으로 피드백하는 리더	45%	22%
강점으로 피드백하는 리더	61%	1%

리더의 피드백 스타일

<리더의 피드백 스타일에 따른 팀원의 몰입도>

칭찬에도 '급'이 있다

나도 몰랐던 나의 강점을 캐치할 수 있는 가장 빠른 방법이 바로 '칭찬'이다. 특히 리더의 칭찬은 '숏 컷'을 넘어 '순간 이동' 수준의 힘을 가진다. 하지만 칭찬에도 급이 있다. 그리고 그 급은 '컨씨비Ctrl+C + Ctrl+V할 수 있냐'로도 구분된다.

일단 의심해보자. '나, 칭찬봇일까?' 상대의 볼멘 표정이 두려워서 싫은 소리는 하지 못하고, 요즘 MZ세대들이 인정은 바란다고 하니 칭찬을 남발하는 거다. 대개 이런 문장이다.

"어, 수고했어."
"굿 잡!"
"잘하고 있어, 잘할 거야~!"
"역시~!"

스스로 물어보자. 이 말을 할 때 영혼이 담겨 있었는지. 담겨 있었다면 다행이지만 아니라면 그걸 가장 먼저 눈치채는 건 칭찬을 받은 당사자, 팀원이다. 실제로 '밥 한번 먹자'만큼이나 빈말로 들리는 게 '대단하세요' 하는 칭찬이란 통계도 있다. 이쯤 되면 난감하다. 칭찬하라면서, 또 빈말이면 안 된다고?

차이는 '리더가 투자한 시간'에서 난다고 생각한다. 가장 최근에 했던 칭찬을 떠올려보자. 그 칭찬을 위해 당신은 얼마나 시간을 썼을까?

1. "굿. 수고했어요."

2. "일을 빠르게 파악하고 저돌적으로 움직이는 거, ○○님의 전매특허인 것 같아요. 다음 프로젝트에서도 기대할게요."

2번 같은 칭찬은 그냥 나오지 않는다. 팀원을 관찰하고, 포인트를 잡고, 그걸 전달하기 위해 내 시간을 기꺼이 투자하지 않고서야 그런 칭찬이 나올 수 없다.

다만 리더의 시간은 유한하다. 좀 더 쉽고 좀 더 체계적으로 그 뾰족한 칭찬을 찾아 건네는 방법이 필요하다. 이쯤 되면 대충 무슨 말인지는 알겠지만 '그래서 어쩌라는 거?' 싶은 당신을 위해 다음 페이지에서 준비한 게 있다. 앞서 언급한 '추완조평탐창동외'를 총망라해 설명한 '8가지 강점 사전'이다. 다음을 기준으로 설명하려 한다.

1. 이 강점자는 어떤 패턴으로 성과를 내는가?
2. 이 강점자는 어떤 말을 자주 하는가?
3. 이 강점을 가진 대표적인 셀럽은 누구인가?

이제부터 소개할 내용의 목적은 당신이 무릎을 치며 이런 인사이트를 얻는 것이다.

'아, 그 팀원은 이런 식으로 우리 팀에 기여하고 있었구만!'

성과의 도구,
8가지 강점 사전

지금부터 설명할 8가지 강점별 주요 내용은 태니지먼트의 이론을 소개한 책《강점 발견》을 참고했다. (좀 더 깊이 있게 공부하고 싶다면 이 책의 일독을 권한다.)

1. 추진: 조급해 보이지만,
결국 일이 되게 하는 강점

▶ **내가 아까 적었던 추진 강점 팀원**

#급하다. #저돌적이다. #직진이다. #경주마 같다.

이런 특징을 가지고 있는 일명 고직진 씨들은 속도로 성과를 낼 수 있는 이들이다. 리더가 그 속도를 강점이라고 말해준다면.

① 성과 내는 패턴: 목표를 달성하기 위해 주도적으로 일을 추진한다.

- 현실에 맞게 직접 시도해보면서 전략을 변경하고 팀의 목표 달성을 위한 실질적인 방법을 추구한다.
- 어렵고 호감이 가지 않는 일도 목표를 위해 수행한다.
- 목표에 몰입하고 팀원들을 자극하여 일이 실제 진행되게 만든다. "이야, 일단 하니까 진짜 되네⋯."

② 자주 하는 말: "일단 해보면서 방법을 찾죠."

③ 대표적인 셀럽: 정주영, 백종원

정주영　　"이봐, 해봤어?" "우리는 1500년대에 이미 철갑선을 만들었소. 맡겨주면 할 수 있소." (맡겨줬으면 우주선이라도 만들었을 듯?)

백종원　　그는 20년 동안 28개의 외식 브랜드를 론칭했다. 장모님이 '백종원 레시피'를 검색했는데 진짜 백종원 레시피가 안 나온다고 하자 바로 유튜브를 개설했다. 대학생 때는 닭갈비가 먹고 싶으면 공강 시간에 사람들을 모아 춘천행 기차를

탔다.

추진 강점이 제대로 발휘되면 어떤 일이 벌어질까? 대표적인 예가 불과 반나절 만에 역대급 서비스 '재난지원금 신청'을 출시한 '토스TOSS'다. 보통 어떤 서비스가 세상에 나오려면 리서치하고, 기획하고, 소비자 조사하고, 개발하고, 점검해야 한다. 특히 금융 서비스라면 더더욱. 근데 토스에선 재난지원금 서비스를 만들자는 의견이 나오고 딱 반나절 만에 세상에 내놨다. 토스 오리지널 다큐멘터리를 보면 이 상황을 이렇게 설명하고 있다.

<재난지원금 신청 서비스의 서막>

 토스 다큐멘터리

"그러게요. 어떻게 가능했지? 사람들이 다 같이 흥분해서 그 목표를 향해 다 같이 달려가는 순간이 있어서. 그런 걸 경험해보는 건 되게 재밌죠. 오늘 당장 서비스를 만들어서 내일 나가야 한다는 것에 대해 명확하게 공감이 되긴 했거든요."

브랜드든 사람이든 그 가치를 판단할 수 있는 아주 간단한 질문이 있다.

'만약 그 기업(사람)이 사라지면 아쉬워할 사람이 있는가?'

강점도 마찬가지다. 만약 추진 강점을 가진 팀원이 없거나, 그런 팀원의 강점을 무시한다면 어떤 일이 벌어질까? 모르긴 몰라도 그 팀은 '무한 고민 루프'에 빠져 오래도록 고민만 하게 될 가능성이 크지 않을까. 예를 들면 이런 것.

'흠, 이 아이디어 어때요?' ➡ '이 부분은 좀 그런 것 같은데….' ➡ '그럼 좀 더 생각해봐야겠네요.' ➡ '그쵸. 신중하게 접근해야겠어요.' ➡ '그럼 좀 더 계획을 디테일하게….' ➡ (그사이 상황이 변화함) ➡ '아, 그럼 다시 논의를….'

위에 적어놓았던 동료를 떠올려보자. 혹시 속으로든 드러내서든 그에게 이런 핀잔을 주진 않았을까.

"쟨 너무 조급해. 쟨 너무 앞일을 계산해보지 않고 덤벼."

이제 남은 일은 내일부터 그에게 '조급함' 대신 '추진력'이란 이름을 달아 피드백하는 것이다. 그게 잘되지 않는다면 이런 주문을 외워도 좋겠다.

'저 팀원은 정주영 회장님처럼 일하는 거야.'

2. 완성: 까탈스러워 보이지만, 디테일을 끌어올리는 강점

▶ 내가 아까 적었던 완성 강점 팀원

#오와 열 #디테일 #완벽 #꼼꼼

이런 특징을 가진 최상세 씨들이 든 빨간펜은 일의 완성도를 '어나더 레벨another level'로 만들 수 있다. 리더가 까탈스러움을 '디테일에 대한 욕심'으로 해석해주기만 한다면.

① 성과 내는 패턴: 집중하여 일을 완벽하게 마무리한다.
- 높은 수준의 기준을 가지고 일을 완벽히 마무리해낸다.
- 세부적인 사항을 검토, 시연, 관리하는 데 관심이 있으며 꼼꼼하게 실행한다.

- 프로젝트의 초기 단계에 너무 흥분한 급진적 팀 구성원들에게 완충 역할을 한다.

② 자주 하는 말: "좀 더 디벨롭되어야 할 것 같아요."

③ 대표적인 셀럽: 스티브 잡스, 리정, 보아

스티브 잡스　　"제기랄, 이걸 일이라고 한 거야?"

"혁신은, 1,000번 아니라고 하는 데서 출발합니다."

십수 년 전, 스티브 잡스가 300만 불짜리 아이팟 시제품을 받아 들었다. (에어팟이 아니라 아이팟이다. 아이폰과 비슷하게 생긴 MP3라고 생각하면 쉽다. 2022년에 단종됐다.) 가만히 시제품을 쳐다보던 그는 갑자기 그걸 수족관에 빠뜨렸다. 모두가 당황한 가운데 물속에 빠진 아이팟 위로 기포가 뽀글뽀글 올라왔다. 이때 잡스가 말했다.

"이것 봐. 좀 더 얇게 만들 수 있잖아!"

(제품 안에 아직 공간이 있으니 기포가 올라온 것!)

리정　　완성 강점자는 여기도 있다. 2021년을 뜨겁게 달군 댄스 서바이벌 프로그램 〈스트릿 우먼 파이터〉에 출연한 YGX의 리더 리정이 그 주인공. 리정은 무대 1시간 전까지 안무를 수정한다. 여러 크루들과 함께 뮤직비디오를 찍어야 할 땐 핸

드폰에 모든 크루의 동선을 색깔별로 완벽하게 정리해서 온다. 절정은 이 말이었다.

"눈동자를 어디에 둘지 이런 걸 잘 정리해서 갑시다."

(세상에. 난 두 팔 두 다리로도 못 추는 춤을 리정은 눈동자로도 춘다.)

보아 가수 보아도 완성 강점자다. 2017년이었다. 보아의 신곡 〈봄비〉가 나올 즈음이었는데 보아는 자기 인스타그램에 소속사인 sm엔터테인먼트를 공개 저격하는 피드를 올린다.

"그런데 왜 내 이름 대문자, 소문자 구별을 못 하는 거죠? 헐. 나 BoA 아님? 체크 좀 하고 올리세요."

(스펠링이 문제였다. 소문자 o를 대문자 O로 쓴 것.)

자기 이름 잘못 쓰면 누구나 기분 나쁘다. 하지만 모두가 그렇게 공개적으로 불만을 표현하진 않는다. 매니저를 통해서 회사에 얼른 고쳐달라고 할 수도 있고, BoA나 BOA나 그게 그거라며 웃어넘길 수도 있다. 완성 강점자 보아에게 그건 용납할 수 있는 선이 아니었던 것일 뿐. '어떻게 그런 기본을 틀려? 기본이지, 기본.' 결국 보아의 공개 저격 글은 일파만파 기사화됐다. (위에서 sm엔터테인먼트라고 적힌 것이 못내 불편했던 분들, 맞다. SM엔터테인먼트가 옳은 표기다. 완성 강점을 강조해보고 싶었다!)

이들은 한마디로 0.1%의 디테일로 승부를 보는 이들이다. 이들이 쓴 페이퍼에선 오탈자를 찾아보기 어렵다. 오와 열이 '칼 각'인 것은 물론이다.

때때로 그런 생각이 들 것이다. '굳이 저렇게까지 해야 하나?' 그렇다. '굳이 저렇게까지' 해서 완성도를 극한으로 끌어올릴 수 있는 이들이 바로 완성 강점자들이다. 이들이 결국은 디테일을 완성한다. 제아무리 빠르게 치고 나가는 게 중요하다고 한들 그 마무리가 엉성해서야 쓸까. 이런 강점을 가진 팀원이 없다면, 그 조직은 프로가 아닌 동아리처럼 굴러갈 위험을 걱정해야 한다.

자, 당신은 누굴 적었는지 살펴볼 차례다. 평소 꼼꼼함이 100%를 넘는 누군가가 떠오를 거다. 폰트 크기 1pt도 고쳐야 직성이 풀리고, 장표 프레임의 오와 열이 맞지 않으면 도끼눈을 뜨는 그들. 그렇게 우리 팀을 프로로 만드는 데 기여하는 그 팀원에게 리더는 어떤 피드백을 해야 할까.

1. '뭐 굳이 그렇게까지 해야 하나?'라며 핀잔을 준다.
2. '네 덕에 우리 팀 퀄이 이만큼'이라고 엄지를 들어 올린다.

선택은 늘 그렇듯 당신의 몫이다. 그들은 당신의 피드백에 따라 진짜 스티브 잡스처럼 활약할 수도 있다.

3. 조정: 변화에 예민하지만, 리스크를 줄여주는 강점

▶ 내가 아까 적었던 조정 강점 팀원

#계획 #MBTI의 J #스케줄러 #엑셀

그런 팀원, 꼭 있다. 파워포인트보다 엑셀을 애용한다. 뭐든 시작되면 계획부터 세운다. 동료의 주먹구구에 치를 떤다. 이런 지테일 씨들이 세운 계획은 팀의 리스크를 최소화할 수 있다. 리더가 그걸 '투머치too much'가 아닌 강점으로 받아들인다면.

① 성과 내는 패턴: 복잡한 일을 정돈하여 계획적으로 수행한다.
• 목표를 달성하기 위해 팀원의 역할을 잘 배정한다.
• 성실하고 인내심이 많으며 목표 지향적이다.
• 팀 구성원 사이에 논쟁이 있는 경우 결정적인 시기에 개입하여 조정하고, 커뮤니케이션을 촉진시킨다.
• 앞장서서 나서진 않지만, 뒤에서 팀을 통제하거나 지원한다.

② 자주 하는 말: "여기까진 A님이 진행하시고 B님한테 넘기실래요?"

③ 대표적인 셀럽: 봉준호

봉준호　　봉준호 감독의 별명은 '봉테일'이다. 촬영 현장의 아주 세부적인 것까지 다 계획을 세우고 움직인다고 해서 붙은 이름인데, 그 사례가 재밌다.

보통 영화 콘티에는 이 정도 수준으로 적힌다고 한다.

'작은 수첩을 펼쳐 전화번호를 찾는다.'

하지만 봉준호 감독의 콘티는 디테일의 정도가 다르다. 그 수첩은 반드시 '농협 마크가 찍힌 농협 다이어리'여야 하는 것. 이렇게 꼼꼼한 계획 덕에 그의 콘티와 촬영 현장의 싱크로율은 100%에 달하고, 100여 명에 이르는 스태프는 변수를 최소화한 콘티 그대로 매끄럽게 움직일 수 있다고. (그러고 보면 그는 완성 강점도 있는 것 같다.)

이런 강점을 가진 팀원이 없다면, 그 팀은 자주 넘어질 수밖에 없지 않을까? 위험 요소를 미리 계산하고 이에 대비하는 이가 없으니 그만큼 걸려 넘어질 돌부리가 많을 수밖에.

아까 적은 사람을 떠올려보자. 일명 엑셀과 캘린더를 항상 모니터에 띄워놓고 때론 계획 자체에 지나치게 집착해서 답답하다 여겨지기도 했던 그들. 이젠 그들에게 '걱정 인형'이란 별명보단 '계획과 체계로 성과 내는 사람'이란 칭찬을 붙여줘야 할 것이다.

그는 봉준호처럼 일하는 사람이니까.

4. 평가: 까칠하지만, 잘못된 판단을 막아주는 강점

▶ 내가 아까 적었던 평가 강점 팀원

#시니컬 #지적 #반대 #까칠

회의 때마다 찬물을 끼얹는 그런 팀원, 꼭 있다. 그래도 한국에서는 아직까진 '좋은 게 좋은 거'라는 분위기를 장점으로 생각해서 동료의 의견에 대놓고 반대하는 것은 그렇게 흔한 일은 아니다. 하지만 이들은 남들이 다 YES라고 할 때 NO를 외친다. 숫자와 지표로 이야기한다. 때론 회의실에 정적을 흐르게 한다. 하지만 이런 한예리 씨들의 까칠함이 오판 직전의 팀을 구원할 수도 있다. 리더가 믿어주기만 한다면.

① 성과 내는 패턴: 논리적으로 판단하여 객관적으로 진단한다.

• 겉으로 드러난 현상을 파고들어 근본적인 문제를 찾아낸다.

• 창의적이지는 않지만 안건의 찬성과 반대 의견을 두루 고

려해 결정 내린다.

- 분위기에 휩쓸리지 않는 냉정한 판단력으로 팀이 잘못된 방향으로 가는 것을 막는다.

② 자주 하는 말: "그 아이디어는 현실적으로 불가능하다고 봅니다."

③ 대표적인 셀럽· 정은경

정은경　　"접종은 계속되어야 합니다. 보고된 이상 반응은 접종보다는 증상 발생 시점, 기저질환, 질환 발생 등 위험 요인에 의한 것일 가능성이 더 높기 때문입니다."

이 강점이 얼마나 중요한지를 보여주는 증거가 있다. 몇몇 글로벌 기업에서 아예 제도로 만들어버린 '데블스 에드버킷 devil's advocate'이 그것이다. 쉽게 말해 어떤 사안에 대해 의도적으로 반대 의견을 말하는 사람을 아예 지정해놓는 것이다. (이 용어는 천주교 성인 추대 심사에서, 자료를 통해 후보의 추대 불가 사유를 주장하는 역할을 악마devil라고 부른 데서 유래했다.) 쉽게 말해 좋은 게 좋은 거라며 넘어가는 걸 방지하기 위한 제도다.

이런 단호박들, 평가 강점자들이 조직에 없거나 있어도 배척당했을 때 벌어지는 일은 '노키아Nokia'의 사례에서 찾을 수 있다. Z세대들에겐 생소한 이름이겠으나 노키아는 왕년에 정말 잘나갔던 핀란드의 휴대폰 회사다. 하지만 스마트폰 시장의 트렌드를 캐치하지 못해서 급속도로 쇠락했다. 카스 경영대학원의 앙드레 스파이서 교수는 그 이유를 이렇게 설명한다.

"직원은 상부에 나쁜 소식을 전하기를 꺼렸다. 부정적인 사람으로 보일까 두려웠기 때문이다. 노키아에서 자리를 지키려면 낙관적인 전망만을 공유해야 했다."

한마디로 좋은 게 좋은 거라고 넘어가는 이들이 노키아를 망쳤다. 노키아에 한예리 씨들이 많았다면? 이들을 그저 까칠한 놈이 아니라 평가 강점 능력이 있는 팀원으로 인정해주는 리더들이 있었다면? 우린 지금 아이폰이나 갤럭시 대신 노키아를 손에 쥐고 있었을지도 모른다.

당신은 평가 강점에 누굴 적었는가? 때론 아픈 소리, 날카로운 소리를 서슴없이 하는 통에 회의실 분위기에 찬물을 끼얹곤 했던 그들을 떠올렸을지도 모르겠다. 그들의 찬물에 다른 팀원들 입이 튀어나온다면 그땐 이렇게 말해주자.

"미처 캐치하지 못했던 문제를 잘 지적해주었습니다. 덕분에 다시 한번 문제를 점검해볼 수 있을 것 같아요. 다음에도 잘 부탁합니다."

사실 평가 강점을 가진 이들은 오해받고 손해 보기 딱 좋다. 반대 의견을 듣는 순간 사람의 마음엔 벽이 쳐지기 마련인지라 그렇다. 그렇다고 이들의 강점을 묵힐 수는 없는 일. 오해받지 않고 손해 보지 않고 평가 강점을 십분 발휘할 수 있는 방법은 챕터 3에서 다뤄보겠다. 커밍 쑨!

5. 탐구: 답답해 보이지만,
전문성 끝판왕인 강점

▶ **내가 아까 적었던 탐구 강점 팀원**

#곰곰 #심사숙고 #…. #조금 더 시간이 필요합」ㅣ다

그런 팀원, 꼭 있다. 좀처럼 쉽게 의견을 내지 않는다. 다만 자신 있는 분야에 대해선 한 줄 질문에 백 줄 답변이 돌아온다. 일단 깊이 파고든다. 이런 장고심 씨들은 깊이 있는 지식으로 남들과는 다른 솔루션을 제시해줄 수 있다. 리더가 그를 답답하다 뭐라 하는 대신 그가 가진 지식의 깊이를 믿고, 믿어주기만 한다면.

① **성과 내는 패턴: 깊이 생각하고 의미와 대안을 찾아낸다.**
• 오랜 경험을 바탕으로 업무와 연관된 전문적인 이론과 정보를 쌓고 이를 통해 팀에 기여한다.

- 팀으로 참여하는 것보다 다른 사람들에게 조언하고 지식을 나누는 것을 좋아한다.
- 많은 정보를 바탕으로 남들이 생각지 못했던 방법을 제시한다.

② 자주 하는 말 : "… ." (고민 중)

③ 대표적인 셀럽: 워런 버핏, 셜록 홈스

워런 버핏　"그는 하루에 책을 500쪽씩 읽는 독서광, 폭넓은 정보 수집이 그의 직업이다."

셜록 홈스　특정 분야에 대해 타의 추종을 불허하는 지식과 경험을 자랑하는 이들이 있다. 김전일, 코난과 함께 나만의 세계 3대 탐정에 속하는 셜록 홈스가 그렇다. 셜록은 특히 인체 구조, 지질학과 같은 분야에 몰입했다. 예를 들어 산책 다녀온 이의 바지에 묻은 진흙의 색과 점성을 통해 그가 런던의 어느 구역에 다녀왔는지를 맞히는 식이다. (재밌는 사실은 그렇다고 해서 셜록이 백과사전급 인물은 아니라는 점이다. 그는 문학, 철학, 천문학에선 거의 백지와 가까운 존재였다고 전해진다.)

이런 이들이 조직에 없거나, 그 강점을 발휘하지 못하는 상황이라면 그 팀은 '누구나 생각할 수 있는 딱 그 정도의' 솔루션 밖에 내지 못할 수도 있다. 예를 들어 팬데믹 상황 속 구성원 마음 챙김 프로그램을 기획한다고 하자. 인간관계와 심리학에 관심 있는 탐구 강점자가 있는 HR 부서와 그렇지 못한 HR 부서의 기획은 다를 수밖에 없지 않을까.

탐구 강점자는 요즘 시대에 최적화된 인물이기도 하다. 누구나 자신의 생각과 관점을 가지고 목소리를 내고 브랜드가 될 수 있는 시대 아닌가. 누군가에게 1시간 이상 떠들 만한 '이것'을 가진 탐구 강점자들은 시대를 잘 타고났다.

자, 이제 탐구 강점에 누굴 적었는지 볼 차례다. 때론 뭔가에 너무 깊이 빠져들어서 '쟤 지금 뭐 하는 거지?' 싶을 때도 있는 바로 그 팀원. 이젠 그들의 그 영역을 팀의 성과로 얼라인시킬 궁리를 하는 동시에 기꺼이 "저도 ○○님에게 좀 배우고 싶은데요?"라고 피드백할 수 있는 리더가 되어보기를 추천한다.

6. 창조: 자꾸 팀에서 튀지만, 크리에이티브를 책임지는 강점

#신박 #탱탱볼 #크리에이티브 #오잉?

튄다. 새롭다. 전에 없다. 자유롭다. 누군가는 그래 가지고 조직생활하겠냐며 정을 들고 깎으려 들 수도 있겠지만 김핑크 씨들의 새로운 발상이 필요한 순간은 널리고 깔렸다. 리더가 그걸 '제멋대로'가 아니라 '크리에이티브creative'라고 봐주기만 한다면.

① 성과 내는 패턴: 상상력을 발휘하여 새로운 것을 제안한다.

• 고정관념을 깨고 다양한 시각으로 문제에 접근하여 새로운 기회를 만들어낸다.
• 이미 존재하는 자원과 아이디어를 새로운 관점에서 연결한다.
• 생각이 많으며 자신의 계획에 따라 독립적으로 일하기를 좋아한다.

② 자주 하는 말: "좀 더 새로운 게 없을까요?"

③ 대표적인 셀럽: 일론 머스크, 노홍철, 장그래

일론 머스크　　"2022년부터 화성에 식민지를 건설하고, 2024년에는 100~200명을 이주시키겠다."

(나에게 화성이란 경기도 화성 정도….)

노홍철　　TV를 보다 보면 유독 튀는 존재들이 있다. 노홍철이 그렇다. 패션과 헤어스타일, 대본에 있을 것 같지 않은 멘트까지 그는 자주 대중의 예상을 벗어난다. 본업인 방송에서는 물론이고 화면 밖 사이드 프로젝트에서도 그의 크리에이티브는 빛이 난다. 〈철든책방〉〈홍철책빵〉 같은 시도가 그것. '와, 어떻게 저런 생각을 하지?' 싶은 신박한 시도가 그의 인스타그램엔 가득하다. 인스타그램에 적힌 그의 한 줄 소개는 또 어떤가. '재미있는 걸 참 좋아하고, 하고 싶은 거 하는 사람~^^.' 그야말로 '창조' 강점자다.

장그래　　강점을 공부할 때 좋은 교과서가 되어줬던 콘텐츠들이 있었다. 그중 드라마 〈미생〉은 일터에서 벌어질 수 있는 강점의 발현과 충돌이 가장 사실적으로 그려진 콘텐츠였다.

〈미생〉에서 기억에 남는 일화가 하나 있다. 원인터내셔널에서 띄운 배에 구멍이 나서 서서히 배가 바다에 가라앉고 있었다. 다들 전화통을 붙잡고 방법을 찾느라 난리가 났다. 비슷한 사례들을 수소문한다. 다른 배를 보내서 옮겨 싣자는, 예인선을 섭외하자는 얘기도 나오지만 다 불가능하다. 그때 장그래가 한마디 던진다.

"배에 구멍이 났으면… 때우면 되지 않나요?"

허무맹랑한 얘기에 핀잔이 쏟아지려는 찰나, 그의 의견이 수용되고 결국 문제는 해결된다. 이런 이들이 조직에 없거나 그 강점을 발휘하지 못하는 상황이라면, 그 팀은 늘 하던 방식으로, 원래 풀 수 있던 문제만 풀 수 있게 될 위험이 크다.

적어놓은 누군가의 이름 석 자를 불러보자. 아이디어 회의에서 대책 없는 이야기만 쏟아낸다며 핀잔 듣던 그 팀원이, 실은 창조 강점을 가진 김핑크 씨일 줄 누가 알까.

'지금 장난해요?'라며 장그래를 무시했던 장백기나 '그러다 괜히 독박 쓴다'며 옆구리를 찔렀던 김대리처럼 그 강점을 단점으로 오해하고 있었다면, 이젠 '그냥 튀는 애' 대신 '생각지 못한 포인트로 문제를 푸는 해결사'란 피드백을 아끼지 말아야 할 것이다. 결국 세상의 변화는 한 끗의 아이디어가 만드는 거니까.

7. 동기부여: 줏대 없어 보였지만, 팀의 원동력이 되는 강점

▶ 내가 아까 적었던 동기부여 강점 팀원

#크으 #엄지척 #like #역시

이들은 '크으~!' '역시~!'를 남발한다. 엄지를 수없이 들어 올린다. 그의 입에선 칭찬이 강물처럼 흐른다. 리액션이 좋다. 한국 사회에서 보통 이들은 '좋은 사람'으로 여겨진다. 문제는 그게 끝이라는 것. 좋은 사람일 뿐, 보통 그를 일 잘하는 사람 이라고 생각하진 않는다. 하지만 단언컨대 이들은 자신의 귀를 열고 엄지손가락을 들어 팀에 성과를 만들고 있다. 이들이 있 기에 동료들은 편하게 입을 연다. 이들의 박수 덕에 새로운 아 이디어가 샘솟는다. 박엄지 씨들은 팀의 '전원 어댑터' 같은 존 재다. 물론 리더가 "넌 맨날 박수만 치고 대체 아이디어는 어딨 냐"며 핀잔만 주지 않는다면.

① 성과를 내는 패턴: 다른 사람을 독려하여 팀을 움직인다.
- 팀의 조화를 위해 노력하고, 다른 사람의 아이디어에 귀 기울여 매사 타협적인 태도로 팀을 이끈다.
- 특히 경쟁적이며 목표 지향적인 팀장 아래서 팀 구성원

간에 더 많은 협조를 도출해낸다.

- 팀의 목적의식을 고취한다.

② 자주 하는 말: "역쉬~!"

③ 대표적인 셀럽: 버락 오바마

버락 오바마　　　2015년 6월 오바마 대통령은 흑인 교회 총기 난사 사건 후 추모 집회 연단에 섰다. 준비해온 연설문을 가만히 내려다보던 그가 종이를 접는다. 십수 초가 흐른 후 입을 연 그는 천천히 노래를 부르기 시작한다. 〈어메이징 그레이스〉다. 순간 청중이 모두 일어나 가슴에 손을 얹고 함께 따라 부르기 시작한다. 가장 인간적인 방법으로 그 자리에 모인 이들을 위로한 것이다. 그가 사람들의 마음을 움직였던 사례는 많고 많다. 다른 사례를 더 많이 찾을 필요도 없이 그다음 대통령 도널드 트럼프와 버락 오바마를 대비해보면 쉽다. 그가 어떤 방식으로 미국과 세계에 영향을 끼쳐왔는지 말이다.

'동기부여' 강점이 우리 조직과 사회에 미치는 영향은 여러 실험으로도 증명되어왔다. 그중 하나가 《최고의 팀은 무엇이 다른가》의 대니얼 코일이 소개한 윌 펠프스 교수팀의 '독사과 실험'이다. 조직에 어떤 존재들이 성과를 떨어뜨리고, 만드는지를 알아내고자 한 실험이다.

수십 개 스타트업 마케팅 회의에 네 종류의 연기자들을 투입했다. 공격적인 훼방꾼 A, 전혀 노력하지 않는 B, 무기력한 C는 '독사과' 역할이었다. 이들의 행동은 조직의 분위기를 삽시간에 저하시켰고, 비슷한 비율로 거의 모든 집단의 성과를 30~40% 감소시켰다.

그런데 네 번째 캐릭터인 '꿀사과' D를 투입했던 조직만은 그렇지 않았다. D의 행동은 단순했다. 앞선 세 명의 독사과들의 말에 귀 기울이고 사려 깊고 자상한 태도로 대했다. 꿀사과가 있는 팀은 독사과들의 방해에도 영향을 받지 않은 것이다.

흥미롭게도 꿀사과는 겉으로 보기엔 잘나지 않고 평범한 팀원이다. 우리 조직을 움직이고 있는 이들도 어쩌면 이러한 평범한 꿀사과들인지도 모른다. 강점으로 해석하면 동기부여 강점자들 말이다. 이들이 조직에 없거나 강점을 발휘하지 못하는 상황이라면, 그 팀의 회의 풍경은 무척 다운되어 있을 것이다. 누군가 몸을 앞으로 숙이며 내 이야기를 들어주고 리액션해줄 것이란 기대가 없을 때, 많은 이들은 침묵하기 마련이니까.

동기부여 장점에 적어놓은 팀원을 보자. 유난히 엄지손가락을 자주 치켜세워 올리고, '역쉬~!'라는 멘트를 입에 달고 사는 에너자이너energizer. 그들에게 당신의 그 리액션이 동료들에게 심리적 안정감을 부여하고 있다고 피드백을 해보라. 당신의 피드백은 그들의 에너지를 200% 충전해줄 것이다.

8. 외교: 맨날 부탁만 하는 것 같지만, 쉽고 빠르게 문제를 해결하는 강점

▶ 내가 아까 적었던 외교 강점 팀원

#프로 부탁러 #핑거 프린세스 #영업 #부탁 #너밖에 없다

그런 팀원, 꼭 있다. 문제가 생기면 전화기부터 든다. 본인 힘으로 해결할 생각을 하기보다는 누군가와 연결하고, 누군가에게 부탁을 한다. 근데 그렇기 때문에 문제 해결의 범위가 넓다. 날마다 새로운 미션이 주어지는 요즘 세상에서 도와준 아니 도완준 씨 덕에 팀은 더 많은 문제를 더 빨리 풀 수 있다. 리더가 "그래서 네 힘으로 할 수 있는 건 뭔데?" 하고 몰아붙이지만 않는다면.

① 성과 내는 패턴: 외부 자원이나 소통으로 문제를 쉽게 풀어간다.

• 외교적 수완을 가지고 자원이 될 만한 사람을 잘 찾으며, 외부 접촉을 통하여 조직의 향상을 꾀한다.

- 개별 팀의 부분합이 아닌 다양한 이해관계 속에서 합의점을 도출하고 전체 시너지를 이끌어낸다.
- 외향적이고 융통성이 많다.
- 도전적인 일에 잘 대응한다.

② 자주 하는 말: "제가 부탁이 하나 있는데요…."

③ 대표적인 셀럽: 유비

유비　"공명 선생, 부디 절 좀 도와주십시오. 유비, 관우, 장비 우리 세 사람은 무공은 되는데 지략과 책략이 부족합니다. 저희의 스승이 되어주십시오."

생각해보면 유비는 '자기 혼자선 아무것도 못하는 촌부'에 가깝다. 돗자리를 잘 짰다고 기록에 남아 있지만 그가 그 재능으로 역사에 남진 않았다. 그는 '부탁을 잘해서' 역사에 남았다. 조조처럼 전략가는 아니었지만 전략 천재 제갈공명에게 세 번 찾아가서 기어이 자기편으로 만든다. 무예에 특출난 것도 아니었지만 관우, 장비와 복숭아 나눠 먹으며 의형제를 맺고, 평생 왼팔 오른팔로 삼는다. '부탁'을 통해 문제를 해결하는 외교 강점은 요즘 시대에 특히 필요하다.

내가 소속된 대학내일 인재성장팀에선 전체 구성원을 위해

〈키다리 위크〉라는 프로그램을 진행했다. 슬로건은 '팀 너머 층 너머 동료력 충전'이었다. 내용은 간단했다. 평소 회사 내에서 만나고 싶었던 사람을 적어 내면 인재성장팀에서 대신 초대장을 보내주고, 사내 카페에서 공짜 커피를 제공해주는 것. 반응은 폭발적이었다. 기존 멘토링 프로그램이 나보다 연차가 꽤 높은, '선배라고 부르기 뭣한 리더들과의 부담되는 자리'가 대부분이었다면, 이번엔 직무와 연차, 소속 팀 상관없이 정말 만나보고 싶었던 '그 사람'과 만날 수 있다는 점 때문이었다.

이 프로그램의 기획은 구성원들이 토로한 '단절감'에서 출발했다. 재택이 보편화되며 혼자 일하는 것 같은 고립감을 점점 크게 느끼게 된 것. 입사한 지 얼마 되지 않은 구성원들은 업무 도중 막히는 게 생기면 어디에 물어봐야 할지 막막해했다. 이에 비대면 시대 속 적극적 연결의 중요성을 절실히 느꼈고 〈키다리 위크〉는 그래서 시작됐다. 어떻게 보면 조직에서 '외교' 역할을 담당해준 것이다.

이같은 노력은 '마켓컬리'에서도 찾아볼 수 있다. 김난도의 저서 《마켓컬리 인사이트》에 따르면, 마켓컬리도 다른 기업과 다를 바 없이 회식 비용을 지원해준다. 그런데 다른 부서랑 회식하면 지원되는 비용이 2배다. 이는 '의외의 만남' '일상 밖의 조우'를 중요하게 생각한다는 걸 알려준다.

만약 조직에 이런 강점을 가진 팀원이 없다면, 혹은 그런 시스템을 제공할 의지가 없다면 그 조직은 '우물 안 개구리'가 될 위험이 있다. 우리 팀 안에서만 문제 해결의 열쇠를 발견하려 든다면, 사실 해결할 수 있는 문제의 범위는 좁아진다. 하지만 팀 밖 누군가에게 도움을 청하는 것에 익숙한 누군가가 있다면, 그 범위는 순식간에 넓어진다.

사람은 6단계만 거치면 지구상의 모두와 연결된다고 하지 않나. 누군가는 그 다리가 유독 촘촘하고, 쉽다. 그래서 솔루션을 쉽게 가져온다. 그들이 우리의 도완준 씨들이다.

당신이 적어놓은 팀원은 누구인가. 문제만 생기면 자기가 해결할 생각보다 누군가에게 카톡을 날리고 전화를 걸던 그 팀원은 '핑거 프린세스'(자기가 알아볼 생각은 하지 않고 일단 타인에게 물어보는 사람을 얕잡아 이르는 말)가 아니라 '부탁과 연결의 귀재'일지도 모른다. 특히 외교적 강점이 거의 없는 팀장에게, 그는 단언컨대 귀인이다.

이제
피드백을 넘어
피드포워드로

지금까지 8개의 강점 공부를 마쳤다. 이제 여러분의 머릿속엔 팀원들의 태그가 하나 더 붙었을 것이다. 예전엔 학교 전공과 연차, 직급, 해온 프로젝트만 태그로 있었다면 그곳에 #외교 #추진 같은 강점 태그가 추가되었을 것이다.

소식이 2가지 있다. 좋은 소식과 나쁜 소식. 아마도 당신은 후자를 먼저 듣고 싶을 테니 나쁜 소식부터 열자면 '아직 이 책은 본론에 진입하지 않았다'이다.

책을 100페이지 넘게 읽었는데, 무슨 소리냐 어이없을지도 모르겠다. 하지만 간단하다. '내 팀원이 이런 강점이 있군' 하는 생각만 해서는 아무것도 바뀌지 않는다. 알았으니 이제 그걸 써서 '피드백'을 해야 한다.

다시 막막해진 여러분을 위해 피드백이라는 녀석의 정체에 대해 같이 한번 짚어보자. 대체 피드백은 왜 하는 걸까?

Q. 우리가 하려는 피드백의 목표는?
→ 받는 이의 행동을 변화시키는 것.

피드백은 '변화'를 만들어야 한다. 즉 비포 & 애프터Before & After를 만들어야 한다. 강점에 대한 피드백은 단순히 "넌 이럴 때 성과가 나"로 끝나선 별 힘이 없다. "넌 이럴 때 성과가 나니까 이걸 이렇게 더 써보자"가 되어야 한다. 예를 들면 이런 것.

1. **피드백** "잘했어. 윤경이는 추진력이 강해."
2. **피드포워드** "윤경이 추진력 덕분에 킥오프 회의 잘 마쳤어. 그 추진력을 팀의 상황에 맞게 이렇게 써보자."

과거에 초점을 둔 인정이 피드백이라면, 인정과 함께 미래의 방향까지 함께 이야기하는 피드포워드feedforward로 이야기해야 한다. 왜냐, 타고난 강점도 그냥 알고만 있고 의도적으로 쓰지 않으면 빛을 발할 수 없기 때문이다. 우량주를 파악했다면 거기에 돈을 입금해야 하는 것처럼 노력을 '투자'해야 한다. 강점은 쓸수록 개발된다. 그런데 이걸 거꾸로 말하면 알기만 하고 쓰지 않는다면 사장된다는 것이다.

그 냉혹한 현실의 증거는 '네브라스카 속독 실험'이 보여준다. 네브라스카대학에서 한 속독 실험이었는데 한마디로 주어진 단어들을 얼마나 빨리 읽어내느냐에 대한 것이었다.

평범한 A 그룹과 남다른 B 그룹에 동일한 훈련을 시킨 다음, 두 그룹의 아웃풋 차이를 살펴보았다. 훈련 전에 평범한 A 그룹은 90개, 남다른 B 그룹은 350개를 읽어냈다. 4배 정도 차이가 났다. 흥미로운 건 이 다음이다. 이들에게 동일한 훈련을 시킨 후 다시 측정했더니, A 그룹은 150개를 읽었다. 훈련 전 대비 약 1.7배 성장한 것. 하지만 B 그룹이 읽어낸 단어 수는 무려 2,930개에 달했다. 원래도 남달랐지만 훈련을 통해 8배가량 무섭게 성장한 것이다.

이 실험에서 우리가 얻을 수 있는 것은 3가지다.

1. 타고난 재능이 있어도 훈련(노력)하지 않으면, 재능 없는 이보다 못할 수 있다. (feat. 거북이에게 진 토끼)

2. 타고난 재능이 없으면 훈련(노력)해도 발전이 더디다. (feat. 모차르트에게 열등감을 느낀 살리에리)

3. 타고난 재능이 있으면 훈련(노력)했을 때 훨훨 날 수 있다. (feat. 발

레리나 강수진의 상처투성이 발)

    결국 타고난 재능과 강점이 노력을 만났을 때 우리의 인생은 탁월해질 수 있다는 결론에 이른다. 미처 깨닫지 못하거나, 알기만 하고 내버려두는 건 땅을 치고 후회할 짓이란 해석도 가능하다. 이쯤 되면 너무 당연한 말을 길게도 한다 싶으실 터. 지금부터 당연하지 않은 이야기를 해볼 차례다.

팀원이 가장
잘할 수 있는
방식으로

하도 강점 타령을 하고 다니니 한 리더에게 이런 볼멘소리를 들은 적이 있다.

"좋죠, 강점 중심으로 봐주는 거. 그런데 일일이 돌봐주고 케어해주는 건 학교죠. 여기는 성과를 내야 하는 회사 아닌가요?"

그땐 당황해서 어버버하다 만 것 같은데, 만약 그분을 다시 만난다면 이렇게 말해주고 싶다.

"제가 생각해봤는데요, 요즘 리더의 역할이 바로 그거더라고요. 옛날엔 까라면 깠잖아요. 그래서 지시가 떨어지면 팀원들이 무슨 수를 써서든(자신을 갈아 넣어서라도) 지시를 이행했고요. 근데 이젠 시대가 달라졌어요. '왜'를 설명하지 않으면 그

지시에 좀처럼 힘이 붙지 않더라구요."

예를 들면 이런 거다. '요즘 매체별 광고 효율을 분석해서 다음 주까지 제출하세요'라는 지시가 내려졌다고 하자. 그럼 제일 먼저 들어오는 질문이 "왜요?"다. 솔직히 강점을 외치는 나 역시 지금도 당황스러운 질문이다.

하지만 그들에겐 너무나 당연한 질문이다. 매체별 광고 효율을 왜 분석해야 하는지에 따라 그들에겐 아웃풋도, 동기부여도 달라질 테니까.

위의 질문에 "요즘 회사에서 집행 중인 광고들의 집행 단가가 너무 높은 것 같아서 내년도 예산 수립에 참고하려 합니다"라고 답해줬다고 하자.

그럼 곧 두 번째 질문이 들어올 것이다.

"그럼 데이터 분석은 같은 메일 받은 ○○님이 담당하시고, 저는 랩사 미팅을 해서 업계 동향을 파악해보는 게 어떨까요? 마침 친분이 있는 분이 유력 랩사에서 일하거든요."

이쯤 되면 미션을 준 팀장은 분명 두 종류로 나뉘게 된다.

a. 까라까 팀장　'무슨 말이 이렇게 많아. 그냥 하라는 대로 하면 될 것을. 하여간 요즘 애들은 지만 알지….'

b. 너잘까 팀장　'오, 그런 재주가 있었구만. 요즘 세대들은

이렇게 자기 주도적이라니까! 그래, 네가 잘할 수 있는 방법으로 해보자.'

당신은 까라까(까라면 까) 팀장인가, 너잘까(너가 잘할 수 있는 방식으로 까) 팀장인가?

이제는 까란다고 까는 세상이 아니다. 물론 무조건 우쭈쭈 하며 팀원들이 하고 싶은 것만 하게 하란 의미도 아니다. 예를 들어 지리산 천왕봉 정상에 꽂아놓은 깃발을 뽑아 오는 미션이 주어졌다고 치자. 요즘엔 그저 목표를 탑다운으로 내려꽂는 게 아니다. 팀원 각각의 지향과 강점을 반드시 고려하고, 이에 따른 성장과 그 목표를 연결해야 한다. 미션을 대하는 두 팀장의 태도를 보자.

a. 까라까 팀장의 미션 "지금부터 모든 팀원은 최단거리인 제1등산로로 전력 질주하여 깃발을 뽑아 온다. 실시!"

b. 너잘까 팀장의 미션 "지금부터 모든 팀원 각자 경험과 역량을 고려하여 최적의 방법으로 깃발을 뽑아 온다. 실시!"

눈치챘는가? 요점은 각자의 자율성을 전제로 코치해야 한다는 것이다. 발이 빠른 누군가는 최단거리인 제1등산로로 전력 질주하는 게 제일 빠르겠지만, 혹시 아는가? 지리산 국립공원에 헬기를 띄울 수 있는 지인이 있는 이가 있을지. 지도를 분석해서 가장 경사가 완만한 구간을 선택할 수도 있다. 결국 각자의 강점과 지향이 다르다는 것을 전제로 조직의 성과와 얼라인하는 것이 요즘 팀장의 능력이라고 단언할 수 있다. 한마디로 학교 선생님이 학생들에게 하는 것 이상으로 팀원 개개인에게 관심을 가져야 한단 얘기다.

이제 내가 잘할 수 있는 방식으로 일하는 시대다. 목표를 달성하기 위해 최선을 다하되, 그 최선은 팀원이 가장 잘할 수 있는 방식으로 맡겨주어야 한다. 요즘 자주 등장하는 '잡 크래프팅job crafting'도 같은 맥락이다. 잡 크래프팅은 '업무를 스스로 변화시켜 더욱 의미 있고 행복한 활동으로 바꾸는 것'을 의미한다. 나 역시 그 덕을 절감한 1인으로서 이 개념을 소개하게 되어 사뭇 기쁘다.

잡 크래프팅
'내 강점으로 내 일을 재해석하다'

지금은 HR 부서에서 일하지만 나는 원래 기획자였다. 고객의 고민을 마케팅 솔루션으로 푸는 제안서를 한 달에도 서너 개씩, 10년 가까이 써왔다. 재밌었다. 제안서라는 콘텐츠를 만드는 게 좋았다. 논리를 세우고 관련 자료를 찾아 시각화하고 깔끔한 워딩으로 워싱하는 과정 자체에서 희열을 느끼기도 했다. 하지만 자주 자괴감에 빠졌다. 왜냐, 내 제안서는 대개 너무 평범했기 때문이다. 100쪽이 넘는 나의 제안서는 술술 읽혔다. 문장도 깔끔했고 논리도 물 흐르듯 자연스러웠다. 시각화도 제법 세련됐다고 자부했다. 하지만… '이 아이디어는 꼭 사야겠어!'라는 생각을 들게 할 '한 끗'이 없었다. 누구나 할 법한 이야기를 좀 깔끔하게 정리해둔 수준이라고 할까. 자괴감과 자책이 따라붙은 건 너무나도 자연스러운 일이었다. 그런 마당에 성과가 날 리 없었다.

그러다 우연히 태니지먼트 강점 진단을 받고 내 삶은 달라졌다. 앞서 잠시 언급한 것처럼 그야말로 '창조' 강점은 아스팔트의 껍딱지 수준이었던 것.

돌아보면 내가 성과를 내왔던 건 바로 동기부여, 완성, 추진 강점을 발휘했을 때였다. 이를테면 그런 거다. 회사에서 그 누구도 해보지 않았던 과업에 도전할 수 있는 기회가 생겼다. 모두 자신 없어 했지만 난 왠지 할 수 있을 것 같았다. 그래서 A3 용지에 아이디어를 스케치해서 대뜸 고객에게 가져갔다. 그 일은 현재 우리 회사의 주력 비즈니스가 됐다.

또 내가 오랫동안 몰입해서 한 일 중 하나인 〈사내 스터디 기획〉 운영 역시 마찬가지였다. 누군가에게 도움을 주며 동기부여할 수 있었고, 교안을 논리적으로 완성해가는 과정에서 희열을 느꼈다. 엄청 창의적일 필요는 없었다. 그때 깨달았다. 만약 내가 다시 기획서를 쓰게 된다면… 직무의 정의 자체를 다르게 하겠다고.

예전엔 기획서를 쓰는 나의 업을 이렇게 정의했다.

기획 = '창의적인 솔루션을 고객에게 판매하는 일'

하지만 '창의적인' 솔루션은 내가 잘 휘두를 수 있는 무기가 아니었다. 그 일을 계속할 거라면 내 강점에 근거해 내 일을 새로 정의했을 거다.

이윤경의 기획 = '창의적인 솔루션을 가진 동료들의 의견을 잘 취합하여, 이를 설득력 있게 표현하는 일'

정의를 다르게 했으니 방법도 달라져야 한다. 가장 달라진 것은 '시간을 어떻게 쓰느냐'다. 예전엔 시간을 이렇게 썼다.

- 50% 나 혼자 골똘히 아이디어를 쥐어짜기
- 40% 쥐어짠 아이디어를 매끄럽게 페이퍼로 완성하기
- 10% 동료들의 피드백 받기

크리에이티브한 아이디어를 내기 위해 시간을 가장 많이 썼다. 하지만 그 시간은 괴로웠고, 시간을 들인 만큼 고객의 마음을 흔드는 아이디어가 나온 적도 드물었다. 그때 내 강점을 제대로 이해하고 잡 크래프팅을 시도했다면 이렇게 시간을 썼을 거다.

- 10%   나 혼자 골똘히 아이디어를 쥐어짜기
- 40%   크리에이티브한 동료들을 찾아서 의견을 경청하기
- 40%   나온 아이디어를 매끄럽게 페이퍼로 완성하기
- 10%   동료들에게 다시 한번 의견 묻기

일단 강점이 없는 영역에 할애하는 시간을 확 줄였다. 대신 그 시간을 내 '강점'을 쓸 수 있게 배치했다. 그게 내가 나와 내 동료의 강점을 가장 효율적으로 쓸 수 있는 방법이 아니었을까. 안 되는 크리에이티브에 시간을 흘려보내는 것보다 훨씬 더. 그때로 돌아간다면 일 참 잘할 수 있을 것 같은데, 하는 아쉬움이 강하게 남는다.

당시 내가 겪었던 자괴감은 지금 여러분의 팀원들도 겪고 있을 상황이다. 이제 당신의 팀원을 바라보자.

- 일하는 중간중간 한숨 쉬는 일이 많다면
- 자신감 없는 표정으로 수동적으로 일에 임한다면
- 자기 목소리를 내는 것을 꺼려 한다면
- 당초 기대보다 성과를 내지 못하고 있다면

지금 그는 자신의 강점을 제대로 알지 못하거나, 쓰지 못하고 있을 가능성이 크다.

요약하면 이거다. 우린 각자의 방식으로 성과를 낸다. 그리고 팀장의 피드백은 그걸 깨닫고, 지금 하는 일에 써먹을 수 있게 돕는다. 팀의 성과와 팀장으로서의 성취는 편의점 아이스크림 1+1처럼 따라온다.

이렇게 길고 긴 첫 챕터를 마쳤다. 여기까지 정독한 당신은 '강점'에 대한 기본기를 탑재했다. 기본이란 게 사실 가장 지루한 법인데 여기까지 왔다면 스스로 박수를 쳐주어야 마땅하다. 짝짝짝! (맞다. 나는 동기부여에 강점이 있다.)

<8가지 강점 사전 요약>

	특징	자주 하는 말	대표 셀럽
추진	목표를 달성하기 위해 주도적으로 일을 추진한다.	"일단 해보면서 방법을 찾죠."	정주영
완성	집중하여 일을 완벽하게 마무리한다.	"좀 더 디벨롭되어야 할 것 같아요."	스티브 잡스
조정	복잡한 일을 정돈하여 계획적으로 수행한다.	"여기까진 A님이 진행하시고 B님한테 넘기실래요?"	봉준호
평가	논리적으로 상황을 판단하여 객관적으로 진단한다.	"그 아이디어는 현실적으로 불가능하다고 봅니다."	정은경
탐구	깊이 생각하고 의미와 대안을 찾아낸다.	"…." (고민 중)	워런 버핏
창조	상상력을 발휘하여 새로운 것을 제안한다.	"좀 더 새로운 게 없을까요?"	일론 머스크
동기부여	다른 사람을 독려하여 팀을 움직인다.	"역쉬~!"	버락 오바마
외교	외부 자원이나 소통으로 문제를 쉽게 풀어간다.	"제가 부탁이 하나 있는데요…."	유비

PS

잠깐,
근데… 고쳐야 할 것도
분명 있잖아요

맞다. 강점으로 칭찬하고, 인정해줘야 하는 것과 별개로 팀원이 개선해야 할 부분도 분명 있다. 그리고 요즘 리더들은 십중팔구 이런 상황에서 입을 여는 것, 즉 피드백하는 것을 두려워한다.

"뭐라고 하면 당장 그만둔다고 할 것 같아요."
"바로 꼰대라고 뭐라고 할 것 같은데요?"
"마이크로 매니징하지 말라고 하도 위에서 그러니까…."

킴 스콧은 《실리콘밸리의 팀장들》에서 4가지 피드백 유형에 관해 이야기한다. 킴 스콧은 개인적인 관심을 Y축으로, 직접적인 문제 제기를 X축으로 나눈다.

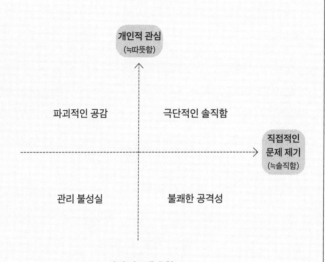

<4가지 피드백 유형>

불쾌한 공격성
팀원의 성장을 돕는 게 아니라 비난하기 위한 무기로 피드백

관리 불성실
쓴소리도 못 하고 관심도 없어서 일관된 침묵으로 피드백

극단적인 솔직함
팀원의 성장을 위해 쓴소리를 마다하지 않는 솔직한 피드백

파괴적인 공감
관심은 있지만 미움받을까 봐 쓴소리는 못 하는 선택적 피드백

단점을 까면서 피드백하는 리더는 '불쾌한 공격성'에 해당한다. 상대의 성장에는 관심 없이 리더의 권위를 드러내고 공격하기 위한 무기로 피드백하는 것이다. 침묵으로 일관하는 리더는 '관리 불성실'인데, 앞선 실험에서 최악의 리더로

소개된 바 있다. (지금쯤 '윽, 내가 관리 불성실인가?' 싶어 찔리는 리더도 있으리라 본다.)

특히 우리가 가장 주목해야 하는 유형은 '파괴적인 공감'이라고 생각한다. 앞서 빈말만 남발하는 리더도 여기에 해당하는데, 팀원을 위하는 마음은 있지만 미움받고 싶지 않아서 개선점은 감추고 칭찬만 해주는 거다. 하지만 우린 본능적으로 안다. 이런 공감이 팀원에게 좋을 리 없다는 것을….

방금 여러분이 다 읽은 첫 번째 피드백 패턴은 사실 이제부터 이어질 아픈 이야기를 하기 위한 '밑밥'이기도 하다. 리더라면 누구나 팀원에게 '이걸 고쳐야 한다'고 말해줘야 한다. 팀원의 강점으로 피드백하는 건 그 아픈 이야기를 아프지 않게, 마음의 벽을 쌓지 않게 하기 위한 포석이다. 왜냐하면 나의 강점을 중심으로 봐주는 리더에게 팀원은 이런 믿음을 갖게 되기 때문이다.

"팀장님은 성과를 내기 위한 수단으로 나를 보는 게 아니야. 나의 성장과 성취에 관심이 있어. 꽤. (그것도 아주 많이.)"

그 시그널이 팀원의 머릿속에 입력되어야 비로소 다음 단계로 넘어갈 수 있다.

"그런데 말이야… 이런 건 고쳐야 해."
당신이 하기 어려워하는 바로 그 '아픈 소리' 말이다.

CHAPTER 2

강점 실전

단, 강점이 만든 실수와 갈등을 조심해

싫은 말도
좋게 들리는
마법의 피드백

웃긴 '짤'이 돈 적이 있다.

추운 겨울, "오늘 냉면 어떠세요?" 하고 A가 물었다.

"와우, 좋죠~!"

"추워도 그런 거 한 번 먹으면 입맛 돌지~!"

"나 차가운 거 먹고 싶은 거 어떻게 알았대?"

다음 날, B가 같은 이들에게 같은 질문을 던졌다.

"오늘 냉면 어떠세요?"

그러자 사람들의 생각은 이랬다.

'미쳤나 봐, 오늘 영하 9도에?'

'겨울에 냉면? 너나 먹어라….'

'저렇게 눈치가 없어서 사회생활 가능?'

인간의 뇌는 가급적 적은 에너지를 소비하게끔 설계됐다. 그래서 본론을 듣기도 전에 '누가' 말하는지를 보고 어느 정도 결론을 낸다. 챕터 1에서 당신이 팀원들과 쌓은 신뢰는 그래서 힘이 세다. 이젠 그 신뢰를 써먹을 차례다.

몇 해 전 겨울, 조개구이집 회식이 기억난다. 어김없이 내 앞엔 김정훈 팀장님이 앉아 있었고 그날 불판 위의 조개보다 더 뜨거운 안주는 내 미숙한 일 처리(에 대해 들은 지적)였다.

"아니… 그렇게 대놓고 면박을 주는 거예요. 잘해보겠다고 발 빠르게 실행해본 건데 그렇게 말하니까 내가 미쳤다고 나섰나 싶고…."

소주를 일곱 잔쯤 따라주고 나서야 그는 그날의 본론을 꺼냈다.

"윤경아, 넌 급할 때가 종종 있어. 모두가 너의 속도로 일하는 건 아니란 걸 알아두면 도움이 될 거야."

좀 신기했다. 사실 내가 낮에 받은 면박과 김정훈 팀장님이 한 코멘트는 같은 말이었다.

"너무 조급해. 페이스 조절 좀 해."

하지만 나의 반응과 행동은 전혀 달랐다. 일단 들었을 때의 스트레스 지수도 달랐지만, '그 말을 듣고 나서의 행동'은 더 달랐다. 내가 뭘 개선하면 좋을지 곱씹기 시작한 거다. 이런 걸 끼적이며.

- 한 번 더 생각하고 말하기
- 반대 의견에도 이유가 있단 걸 생각하기
- 현실 가능성 여부는 꼭 타진해보기

김정훈 팀장은 먼저 '그 일을 한 나의 진정성'에 대해 이야기해줬고, 나의 마음에 공감해줬다.

"생각한 건 단박에 추진해야 이윤경이지. 너 아님 안 되는 일이 많아, 그래서."

마음먹으면 바로 행동에 옮기는 추진력이 내 강점이란 말도 덧붙였다.

"그런데 말야."

그는 한참 그런 이야기를 건네고서 또 다른 입을 뗀 거다.

"그 속도가 때론 실수를 낳을 수 있어."

그는 내 실수의 이유도 내 강점에서 찾으려 했다. 그게 그가 다른 리더와 다른 점이었다.

여기까지가 앞에서 거듭 이야기했던 내용이다. 자, 이제 본격적인 피드백 실전으로 들어가보자.

쟤 왜 저래?
vs
쟨 저래서 돼

뉴스레터 〈일간 바이라인〉에서 재밌는 이야기를 읽었다. 농구 얘기였는데, 그중에서도 '농구는 몰라도 이 사람은 안다'는 스테판 커리의 이야기였다. 2021년 그는 역대 최대 3점 슛 기록을 경신했다. 해당 아티클에서 주목한 건 그 속도였다. 종전 기록 보유자인 레이 앨런은 1,471경기 만에 그 기록을 썼는데, 스테판 커리는 단 886경기 만에 그 슛을 다 넣었다. (소름⋯.) 서장훈은 그를 두고 다음과 같은 말을 했다. 내가 밑줄을 그은 것 역시 바로 이 부분이었다.

"스테판 커리 인생에서 가장 고마워해야 할 사람은 돈 넬슨 감독이 아닌가 싶다. 코칭 스태프들이 저 선수가 저렇게 플레이하도록 내버려뒀다는 것이 중요하다."

이유가 있었다. 커리가 신인이었던 시절만 해도 NBA에선 링 가까이에서 쏘는 슛이 각광받았다고 한다. 그 기준에 따르면 코칭 스태프는 그에게 이렇게 짜증을 냈었어야 맞다.

"커리! 몇 번이나 말해? 가까이에서 쏘란 말이야! 멀리서 쏘지 말고!"

하지만 그러지 않았고, 커리는 자신만의 방식으로 계속 슈팅을 날렸다. 그리고 팀을 구원했다.

아티클 다음 문단에선 미국에서 농구를 배운 혼혈 선수 '전태풍'이 소환됐다. 한국에 온 그는 코트에서 신기한 슛을 선보인다. 일명 '플로터 슛'(골대 근처에서 어정쩡한 자세로 슛의 각도를 높게 쏘는 슛인데 단신 선수에게 특히 유리한 슛이라고 한다)이었다. 생전 듣지도 보지도 못한 슛을 보고 당시 코칭 스태프들은 그 기술을 쓰지 말라고 지시했다. 그들의 논리는 간단했다.

'슛은 정확한 자세로 쏴야 하는데, 어정쩡한 자세로 슛을 쏘면 성공률이 낮으니까.'

결국 전태풍 선수는 자신의 작은 키를 보완할 수 있는 무기 하나를 포기하게 됐다는 슬픈 이야기로 아티클은 끝을 맺는다. '현재 NBA에서는 센터 포지션 선수들도 플로터를 던지고, 자모란트라는 선수는 플로터를 주무기로 리그 최고 수준의 선수로 활동하고 있다'라는 첨언과 함께.

스테판 커리의 3점 슛과 전태풍의 플로터 슛. 자기답게 성과를 낼 수 있는 방식을 존중받은 이와 그렇지 못한 이의 대비는 비단 농구의 영역에만 국한되지 않는다. 결론부터 말하면 이거다.

"당신도 지금 전태풍의 코치처럼 굴고 있을지 모른다."

당신에겐 분명 '쟤 왜 저래' 싶은 팀원이 있을 것이다. 허구한 날 동료들이랑 수다만 떨고 있는 팀원일지도 모르겠다. 업무 기한을 자꾸 늘려달라고 하거나 회의 시간에 분위기를 싸하게 만드는 팀원일 수도 있다.

그런데 말이다. 그가 모두의 눈에 '쟤 왜 저래'일까? 당신의 눈에 '허구한 날 수다만 떨고 있는 그'는 팀의 분위기 메이커일 수 있다. '업무 기한 늘려달라는 그'는 디테일 최강자로 동료들의 신뢰를 받고 있을지 모른다. '분위기를 싸하게 만드는 그'가 팀의 전략적 판단을 돕는 핵심 인재일 수 있다. 한마디로 리더 생각에 '쟤 왜 저래'가 정답은 아니라는 뜻이다.

사람은 '나'를 기준으로 타인을 평가하는 경향이 있다. 예를 들어 아주 꼼꼼하게 일하는 사람의 눈에는 동료가 쓴 기획서 오탈자가 아주 크게 보인다. 이해를 돕기 위해 다시 유명한 분들을 소환해보자.

- 추진력 어마어마했던 정주영 회장의 눈에 어지간한 직원들의 속도가 성에 찼을까? (내가 그의 부하 직원이었다면 정말 손에 모터를 달고도 불안했을 것 같다.)

- 세상에 없던 일을 벌이는 일론 머스크의 눈에 어지간한 직원의 크리에이티브가 맘에 들었을까? (내가 그의 부하 직원이라면 내 아이디어가 고조선 시대 유물처럼 느껴졌을 것도 같다.)

- 어나더 레벨의 완성도를 추구한 스티브 잡스의 눈에 어지간한 직원의 디테일이 흡족했을까? (내가 그의 부하 직원이라면 뭐 하나 어긋났을까 봐 노심초사하느라 노이로제에 걸렸을 것 같다.)

사실 내가 그랬다. 돌이켜보면 내가 부딪혔던 이들은 크게 두 종류였다. (그땐 그야말로 '쟤 왜 저래' 싶었다. 겉으로 꺼내어 표현한 적은 없지만 그런 생각을 했다는 것이 조금 부끄럽고 많이 미안하다.)

유형 1. 시니컬한 동료   회의 때 날 선 지적으로 동료를 무안하게 하거나 분위기를 싸하게 하는 동료

유형 2. 느린 동료   계속 '고민'만 하며 실제로 도전해볼 생각은 하지 않는 동료

실제로 이들의 강점 그래프는 다음과 같았다.

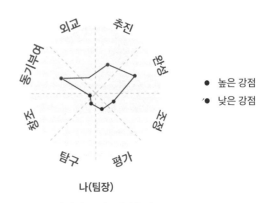

나(팀장)

추진과 완성, 동기부여가 높다.

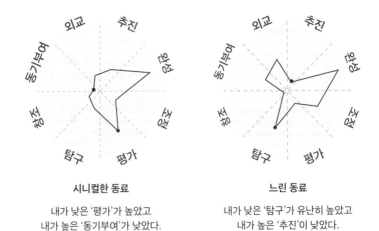

시니컬한 동료

내가 낮은 '평가'가 높았고
내가 높은 '동기부여'가 낮았다.

느린 동료

내가 낮은 '탐구'가 유난히 높았고
내가 높은 '추진'이 낮았다.

<나와 두 동료의 태니지먼트 강점 그래프>

여러분도 강점 그래프를 그려보자. 당신의 눈에 '쟤 왜 저래' 싶은 그 팀원의 강점은 무엇일까? 혹 당신과 전혀 다른 강점 패턴을 가지고 있는 것은 아닐까?

쟤 왜 저래? vs 쟨 나랑 다르군

정말 중요한 내용이니 좀 더 이야기를 해보겠다. 지금까지 당신은 당신의 강점을 덜 가진 팀원을 '쟤 왜 저래'라고 생각하며 '일못러(일을 잘 못하는 사람을 뜻하는 말)'로 단정 지었을 가능성이 크다.

• 추진 강점 팀장 ➜ 신중한 팀원
  '쟤는 왜 저렇게 뭉그적거리지?'

• 평가 강점 팀장 ➜ 직관과 스토리가 중요한 팀원
  '쟤는 왜 저렇게 스토리로만 풀려고 하지? 데이터가 없잖아.'

• 조정 강점 팀장 ➜ 일단 해보려는 팀원
  '쟤는 왜 저렇게 계획성이 없어? 그게 현실적이니?'

반대로 당신의 눈에는 '나처럼' 성과 내는 그 팀원이 일잘러였을지 모른다.

• 완성 강점 팀장 → 디테일을 중시하는 팀원

'오 역시. 오탈자 하나 없이 매끈하고만. 내가 두 번 검토할 필요가 없겠어.'

• 동기부여 강점 팀장 → 리액션 좋은 팀원

'오 역시. 동료들 격려하며 분위기를 만들어가는군.'

내 눈에 '쟤 왜 저래' 싶었던 그들은 잘못된 방식으로 일을 했던 게 아니라 나와 다른 방식으로 일했던 것뿐이다.

이걸 깨닫자 정말 많은 것이 달라졌다. 틀린 것이 아니라 다른 것일 뿐이라는 공익광고의 문구가 처음으로 피부에 와닿았다. (물론 그들에게도 나에게도 태도적인 아쉬움은 있었다. 그건 챕터 3에서 다뤄보겠다.)

시니컬한 그 동료는 지금도 여전히 회의에서 날 선 지적을 한다. 바뀐 건 나다.

Before   '쟤 왜 저래?'

After   '회의가 산으로 갈 수 있었는데 필요한 코멘트

였어.'

느린 그 동료는 지금도 여전히 좀처럼 생각을 행동으로 옮기지 않는다. 바뀐 건 나다.

Before   '쟤 왜 저래?'
After   '저렇게 진득하게 고민하면 리스크를 미연에 방지할 수 있겠어.'

내 마음도 좀 편해졌다. 상대에 대한 불만이 절반 넘게 사그라들자(솔직히 100% 없어졌다고는 못 하겠다.) 내 안에 끓었던 부정적인 에너지도 확 줄었다. 하지만 가장 중요한 건 그게 아니었다. 나는 그들이 '필요'했다.

나영석 PD가 한 인터뷰에서 이런 말을 했다.
"당신에게 필요한 동료를 찾으세요. 열정이 넘치고 직관이 있다면 그걸 현실화시켜줄 동료를 찾으세요. 아이디어는 없지만 현실적 장벽을 뚫고 갈 용기가 있는 사람이라면 직관과 감성을 가진 동료를 만나세요. 그러면 우리 모두 성공할 수 있어요. 많은 분들이 스펙을 말해요. 나에게 이게 부족한데 채워야지. 그럼 평생 공부해야 해요. 그걸 언제 다 채워요. 못 채워요. 중요한 건 내 자질이 무엇인지 내 열정의 원천을 파악하고요. 열정이 있다면 열정과 꿈을 현실로 만들 수 있는 동료를 찾으세요. 그게 성공할 수 있는 가장 빠른 길입니다.”

사실 이것이 이 책에서 하려는 말의 전부다. 우리 모두에겐 ‘메시의 왼발’이 있고, 그 왼발은 다 다르다. 우리가 좀 더 멋진, 좀 더 큰 일을 하려면 내 왼발만으론 부족하다. 그 일을 해낼 수 있는 건 각기 다른 왼발, 각기 다른 강점이 서로에게 기대어 일을 하는 ‘팀’이다.

현재 내가 속해 있는 팀이 좋은 예가 될 것 같다. 다음은 우리 팀의 강점 그래프다. (중간에 색이 채워진 부분은 평균치를 의미한다.) 가장 흥미로운 건 (그리고 다행이다 싶었던 건) 다섯 명의 ‘최강강점’이 모두 다르다는 점이었다.

실제로 우린 합이 제법 잘 맞는다. 대략 이런 패턴이다.

- 팀원 M이 프로젝트 아이디어를 들고 와서 일을 벌인다.
  → 추진
- 팀원 B는 그게 문제가 될 수 있는 포인트를 뽑아 공유한다. **→ 평가**
- 팀원 H는 프로젝트의 론칭일에 맞춰서 일별 플랜을 작성한다. **→ 조정**

- 팀원 S는 도움받을 수 있는 법한 다른 팀 동료들의 리스트부터 뽑는다. ➡ 외교
- 팀장 Y는 프로젝트 아웃풋의 전체 흐름과 디테일을 체크한다. ➡ 완성

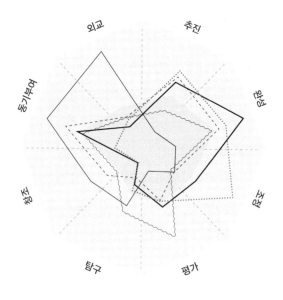

<우리 팀의 태니지먼트 강점 그래프>

이 중 한 명이라도 없었다면 지금까지의 프로젝트는 삐끗했을 것 같다. 팀원 M이 없었다면 아예 시작되지 않았을 테고, B가 없었다면 진행하며 계속 문제에 부딪혔을 수도 있다. H가 없었다면 닥쳐서 후다닥 하느라 다들 영혼이 탈출했을 테고, S가 없었다면 우리만의 시각으로 모든 것을 판단했을지 모르겠다. Y가 없었다면 애써 준비한 아웃풋이 고객에게 좀 허술하게 전달되었을지도 모르고 말이다.

우리 중 어느 누구도 슈퍼맨은 없었다. 다만 나와 동료의 강점을 알려 노력했고, 내게 없는 강점을 가진 동료에게 기꺼이 손을 내밀었다. 여기까지 읽은 당신의 머릿속엔 이런 먹구름이 깔려 있을지도 모르겠다.

'에휴… 말이야 맞는 말이죠. 다들 그렇게 자기 장기 발휘해주면 얼마나 좋겠어요. 하지만 그의 강점으로 그의 행동을 이해해보려고 해도 도무지 납득이 안 되는 그런 팀원도 있단 말이에요….'

물론 진짜 악당이 있을 수도 있다. 상대의 강점을 충분히 인지하고, 존중해도 갈등이 반복된다면 그건 '강점' 이전에 '태도' 문제일 가능성이 크다. 일단 그 원인이 무엇인지 살펴보기 위해 '강점' 얘기를 좀 더 이어가보자.

리더가 해야 할
쓴소리 사용 설명서

입에서 단내가 날 정도로 떠든 것처럼 강점은 분명 우리의 무기다. 하지만 처음부터 완성되어 나오는 무기는 아니다. 강점도 잘못 쓰면 화가 된다. 메시도 본인의 주특기인 왼발 차기로 자책골을 넣지 않나.

우린 지금까지 팀원의 강점을 인지하고 이에 힘주어 피드백하는 방법을 이야기했다. 이게 꾸준히 계속되면 '나는 너의 너다운 성장과 성취를 응원해'라는 진정성이 전달됐을 터. 그다음은 이거다.

"다만 이런 건 너에게 독이 돼."
"다만 이런 건 조심하자."

"다만 이런 건 고쳐보자."

리더인 당신이 해야 할 '쓴소리' '아픈 소리'는 이렇게 출발한다.

일단 강점별로 나타날 가능성이 높은 부작용들을 '미리' 시뮬레이션해보자. 이런 강점이 자칫 잘못 쓰이면 이런 오해를 받을 수 있다는 것을 인지하고 있어야 팀원에게 피드백할 수 있으니까.

강점이 잘못 쓰이면, 이런 일들이 일어날 수 있다.

- 추진: 팀원들에게 속도 못 따라온다고 짜증을 낸다.
- 완성: 매번 제출 시한을 넘기게 된다.
- 조정: 계획에만 집착해서 애자일하게 움직이지 못한다.
- 평가: 의도치 않게 팀원들한테 상처를 준다.
- 탐구: 성과와 관계없는 '뻘짓'만 주야장천 한다.
- 창조: 현실성 없는 아이디어만 필터 없이 던져서 책임감 없단 얘기를 듣는다.
- 동기부여: 동료 감정에 지나치게 신경 쓰다 정작 성과를 못 챙긴다.
- 외교: 맨날 남한테 부탁만 하다 스스로 할 수 있는 영역이 없어진다.

살짝 느낌이 왔을 것이다. 지금부터 하나하나 뜯어가며 좀 더 자세히 살펴볼 차례. 다시 한번 강조하지만 좀 서툴게 사용됐을 뿐 '단점' '약점'이 아니라 '강점'이다. 그러니 '뜯어고쳐야 할 것'이 아니라 '잘못 쓰이지 않게 조심해야 할 것'이다. 당신의 메시에게 자책골 한 번 넣었다고 그 왼발 다신 쓰지 말라고 윽박지르지 말자. 쓴소리 아픈 소리를 하더라도 강점을 전제로 하면 다르게 들린다.

자, 지금부터 〈쓴소리 사용 설명서〉를 펼쳐보자.

1. 추진: "속도에만 신경 쓰면 동료들이 상처 입을 수 있어"

▶ 내가 아까 적었던 추진 강점 팀원

추진 강점자의 최강 무기는 속도다. 하지만 때론 그 속도가 문제를 만든다. 한마디로 혼자 치고 나가는 거다. 우선 팀에서 추진 강점 있는 그 팀원을 생각해보자. 그의 속도 때문에 팀에서 불편한 기류가 감지된 적이 있는지도.

한번은 이런 일이 있었다. 우리 팀은 주간 업무 회의를 진행 중이었다.

팀장 Y	"S님, 이건 어디까지 됐어요?"
팀원 S	"…."
팀장 Y	"네?"
팀원 S	"너무 독촉하지 마셨으면 좋겠어요…."

순간 한 대 얻어맞은 것 같았다. 업무 점검을 하는데 독촉하지 말라? 표정 관리가 안 됐던 것도 같다. 회의 분위기가 화기애애할 리 없었다. 끝나고도 한참 속이 부르르 끓었다. 그걸 '나의 문제'로 받아들이게 된 건 한참 후의 일이었다. 《강점 발견》에선 추진 강점자들이 받을 수 있는 오해를 다음과 같이 이야기한다.

- 일의 추진을 사람보다 우선시한다.
- 동료가 준비되어 있지 않은 상황에서 기다려주지 않고 혼자 치고 나간다.
- 팀원에게 참을성이 없고 심지어 신경질을 내는 경향이 있다.
- 나중에 다른 사람들이 도와주지 않는다고 불평한다.
- 주도권이 없는 상황에서 방관하는 모습을 보인다.

딱 내 이야기였다. 주간 회의에서 내가 기준으로 삼은 건 내 속도였다. 팀원 S는 넓은 발로 팀에 크게 기여하고 있었지만 일처리가 빠르진 못했다. 적어도 나만큼은 빠르지 않았다. S의 속도가 시속 50km였다면 나는 120km 정도. 그런 S의 업무 진행 상황을 120km를 기준으로 점검했으니 그에겐 분명 독촉으로 들렸을 터. S의 관점에선 내가 이렇게 보였을 것 같다.

'팀장님은 일만 중요하고 나는 안중에 없는 건가?'
'팀장님은 왜 나를 기다려주지 않지?'

 그걸 깨달았을 즈음 우연히 책에서 이런 내용을 봤다.
 "일을 잘하는 사람이란 '어린 시절 같은 편이 되고 싶은 친구'. '이 친구가 우리 팀이니 걱정 없어'라든지 '저 아이와 같은 팀에 들어가고 싶다'는 마음이 들게 하는 사람입니다."
 고백하건대 그때의 나는 S에게 같은 편이란 믿음을 주지 못했다. 내 속도 시속 120km로 일을 추진하기 위해 많은 것을 생략했기 때문인데, 그중 하나가 '동료와의 충분한 소통'이다. 이를테면 이런 거 말이다.

- 이런 일을 추진해보려 하는데 어떻게 생각해?
- 이 정도의 속도, 일정으로 준비해보면 어때?
- 이 업무를 맡게 되면 네가 담당하고 있는 프로젝트와 겹쳐 혹시 문제가 있진 않을까?

그때 나는 나보다 느리지만 그만큼 신중하게 일하는 동료의 속도를 배려하지 못했다. 만약 내가 계속 그렇게 일했다면 S는 분명 자신감을 잃고 무기력해졌을 것도 같다. 다행히 그날의 충격이 약이 되어 이게 내 추진 강점 때문에 생길 수 있는 부작용이란 걸 알았다. 그 후로 우리 팀에서 업무 속도는 각자 결정하고, 그 일정을 스스로 점검한다.

그때로 돌아간다면 나에게 이렇게 말해주고 싶다.

"추진 강점을 살려 빠르게 진행하되, 그 속도에 매몰되어 곁을 살피지 못하는 것은 조심합시다. 각자의 속도가 있으니까. 그 속도는 빠르나 느리나 각각의 장점이 있습니다."

2. 완성: "완성도에 집중하다
일의 기한을 습관적으로 어길 수 있어"

▶ 내가 아까 적었던 완성 강점 팀원

완성 강점자들의 최강 무기는 '꼼꼼함'이다. 하지만 때론 그 꼼꼼함이 문제를 만든다. 한마디로 일이 밀리는 것이다. 우선 팀에서 완성 강점이 있는 그 팀원을 생각해보자. 그의 꼼꼼함이 팀 내 불편한 기류를 만든 적이 있는지도.

　　한번은 이런 일이 있었다. 다른 팀과 협업해서 콘텐츠를 만들고 있었는데 자꾸 삐그덕거린다는 느낌을 받았다. 그러던 차에 팀원 M에게서 메일이 왔다.

> 팀원 M　"팀장님…, 늦어도 오늘부턴 디자인 작업에 들어가야 하는데요. K에게 3일 전까지 스토리보드 달라고 요청했었는데 자꾸 일정을 미루더니 방금도 연락이 왔어요. 내일까지 주면 안 되냐고. 이거 너무한 거 아니에요?"
>
> 팀장 Y　"그러네. 이러면 협업하기 어렵지. 내가 따끔하게 말해보겠음."

　　나는 동료 K가 게으름을 피우고 있다고 생각했다. 아니면 다른 일 하느라 이 일은 뒷전으로 미뤄둔 것도 같았다. 어느 쪽이든 잘못된 것. 그렇게 메신저를 켰다.

> 팀장 Y　"K님, 콘텐츠 스토리보드가 자꾸 늦어지고 있는데 이러면 마감 기한을 맞출 수 없어요."
>
> 동료 K　"죄송합니다. 제가 지난주부터 이 업무에만 매달려서 야근도 불사하고 있는데, 원하는 만큼의 퀄리티가

안 나온다는 생각이 들어서 계속 붙잡고 있었어요."

그는 대충 그럴듯한 말로 둘러대는 사람이 아니었다. 나는 이번에도 동료를 잘 몰랐다. 그는 게으름을 피운 것이 아니었고 이 업무를 뒷전으로 미뤄둔 것도 아니었다. 우리의 기대처럼 성실하게 최선을 다했지만 그 최선의 기준이 너무 높았던 것뿐이다. 한마디로 그는 '완성' 강점자였다.

완성 강점자들이 받을 수 있는 오해는 다음과 같다.

- 완벽을 기하기 위해 속도를 늦추고 일정을 연기한다.
- 세세한 것에 근심이 많고, 최종 결과에 대해 불안해한다.
- 검증되지 않은 새로운 시도를 꺼린다.

생각해보니 중요한 프로젝트 앞에 잔뜩 날이 서서 냉기류를 형성하던 그 동료는 그냥 예민하기만 한 게 아니었다. 신사업 앞에 쭈뼛쭈뼛하던 그 동료도 그냥 겁이 많은 것이 아니었다. 이들은 완성에 대한 기준이 유난히 높았던 것이다. 그들에겐 '쟤 왜 저래'라고 힐난하거나 '좀 똑바로 하죠…' 하고 비난하는 것이 아니라 이렇게 말해줘야 한다.

추진

완성

"높은 완성도를 추구하는 것은 좋아요. 하지만 그 때문에 일정을 못 맞추는 것은 조심해야 해요."

3. 조정: "계획 자체에 집착하면 진짜 중요한 목표를 잊을 수 있어"

▶ 내가 아까 적었던 조정 강점 팀원

조정 강점자의 최강 무기는 '계획'이다. 하지만 때론 그 계획이 문제를 만든다. 계획 자체에만 너무 집착하기 쉽기 때문이다. 우선 팀에서 조정 강점 있는 그 팀원을 생각해보자. 그의 계획에 대한 집착 때문에 팀에서 불편한 기류가 감지된 적이 있는지도 한번 살펴볼 노릇이다.

한번은 이런 일도 있었다. 중요한 행사를 준비하고 있었는데 코로나19 방역지침이 바뀌었다. 사실 미리 짜놓은 계획이 정부 방역지침에 따라 어그러지는 경우는 다반사였다. (코로나19는 우리 삶의 정말 많은 것을 바꿨다.) 잡아놓은 행사장과 준비해놓은 제작물을 모두 폐기해야 했다. 모두 한숨을 쉬었고, 모두 허탈해했다. 하지만 이내 정신을 차리고 비대면 행사로 전환하려 회의를 소집했다. 하지만 팀원 H는 좀처럼 회의에 집중하지 못했다.

"아무리 그래도 그렇죠. 이제 와서 바꾸면 어떡하죠?"

조정 강점자들이 받을 수 있는 오해는 다음과 같다.

- 상황 변화에 유연하게 대처하지 못하고 계획에 집착한다.
- 실현 가능성을 미리부터 고민하여 새로운 아이디어에 보수적이다.

계획을 치밀하게 세워 성과를 내는 이들은 그만큼 그 계획이 뒤집힌 상황을 받아들이기 어려워한다. 당연하다고 생각한다. 이럴 땐 "야, 넌 왜 그렇게 애가 융통성이 없냐"라며 타박할 일이 아니다. 대신 이렇게 말하는 것을 추천한다.

"계획도 사실 목표를 달성하기 위한 수단이잖아요. 이렇게 상황이 바뀌었으니 그 목표만 봅시다. 그러려면 새로운 계획이 필요하겠군요. 부탁합니다."

4. 평가: "대안 없는 지적은
동료의 마음을 상하게 하고, 문제 해결도 요원해져"

▶ 내가 아까 적었던 평가 강점 팀원

평가 강점자의 최강 무기는 '지적'이다. 하지만 때론 그 지적이 문제를 만든다. 한마디로 동료의 마음에 벽을 만드는 것이다. 우선 팀에서 평가 강점 있는 그 팀원을 생각해보자. 혹시 그가 맞는 말을 하면서도 듣는 이들을 움츠러들게 하고 있진 않은가? 동료가 신나서 낸 의견을 현실성 없다며 일축하거나 지나치게 비관적으로 상황을 바라보진 않는가?

그때 우리는 진행 중인 프로젝트 개선점에 대해 논의하고 있었다. 기대했던 바에 훨씬 못 미치는 참여율이 우리의 고민이었다. 현재 상황에 대해 각자의 이야기를 나누던 중, 동료 E가 던진 한마디가 순식간에 분위기를 얼렸다.

"이건 애초 아이디어 자체가 문제가 많았다고 봅니다. 하지 말았어야 했어요."

그 자리엔 처음에 아이디어를 냈던 사람도, 그의 의견에 물개 박수를 치며 신나게 일을 진행시킨 나도 있었다. E의 말에 우리는 뭐에 찔린 듯 움츠러들었다. 복기해보면 E의 말은 충분히 일리가 있었다. 타깃의 니즈를 제대로 읽지 못한 아이디어였고, 차라리 그 시간에 다른 것을 했다면 좋았을 것도 같다. 하지만 그것과는 별개로 E의 말은 우리 마음에 벽을 만들었다. 공격받는다고 느꼈다.

평가 강점자들은 다음과 같은 오해를 받는다.

- 팀원의 단점을 직설적으로 지적한다.
- 시니컬한 태도를 지닐 수 있다.
- 해결책보다는 문제에 보다 중점을 둔다.

내가 당시 느꼈던 감정도 크게 다르지 않았다.

'우리 팀 아냐? 같이 하는 거 아냐? 왜 남일 이야기하듯 해?'

'지적하는 건 쉽지. 해결할 방법은 어딨는데?'

'꼭 저런 식으로 이야기해야 하나? 같은 말이라도 다르게 표현할 수 있잖아.'

때론 이성보단 감성이 힘이 센 게 사람 마음이지 싶다. 아무리 맞는 말이라 할지라도 그 태도와 방법에서 상대 마음의 문을 닫아버리면, 애써 지적한 그 문제를 해결하기는 어려울 수 있다. 나를 공격한다고 느껴지는 이와 뭔가를 도모하는 건 동서고금을 막론하고 내키지 않는 일 아닌가. 그런 이들(혹은 본

조정

평가

인)에게는 이걸 힘주어 이야기해줘야 하지 싶다.

"문제를 발견하고 지적하는 것의 목적은 그 문제를 해결하기 위함이지, 누굴 공격하려는 게 목적은 아니잖아요. 공격당한 것처럼 느끼는 동료들의 마음이 닫히면, 지적한 그 문제의 해결은 요원해질 수밖에 없습니다."

5. 탐구: "목표도 기한도 없이 파고만 들면 동료들이 오해해요"

▶ 내가 아까 적었던 탐구 강점 팀원

탐구 강점자의 최강 무기는 '장고'다. 장고의 뜻은 '오랫동안 깊이 생각하다'로 그만큼 오래오래 진득하게 파고든다. 하지만 때론 그 심사숙고함이 문제를 만든다. 특히 그의 고민이 팀의 목표, 팀의 과업과 연결되어 있지 않을 때 그러하다. 우선 팀에서 탐구 강점 있는 그 팀원을 생각해보자. 그의 장고 때문에 팀에서 불편한 기류가 감지된 적이 있는지도 한번 살펴보자.

팀에 일이 몰려 다들 정신없이 지내던 때였다. 숨 쉴 틈 없이 일하던 사람들은 일어나 기지개를 켜며 잠시 대화를 나눴다. 바쁜 것 얼른 마치고 제대로 쉬자는 격려였다. 짧은 시간이

나마 왁자지껄한 분위기에서 팀원 B는 홀로 이어폰을 끼고 뭔가에 푹 빠져 있었다. 슬쩍 모니터를 보니 지금 팀에서 하는 프로젝트가 아니었다. 그는 유튜브로 무슨 강의를 듣고 있었다. 말은 안 해도 모두 같은 생각을 했으리라.

'쟤… 지금 뭐 하는 거야?'

(그는 근래 '데이터'에 흠뻑 빠졌고, 유튜브로 데이터 관련 강의를 듣고 있었다.)

탐구 강점자들이 받을 수 있는 오해는 다음과 같다.

• 성과보다 학습에만 집중한다.
• 일의 기한을 고려하지 않고 깊게 파고들며 생각한다.
• 자신 있는 분야를 벗어나면 소극적인 자세로 변한다.

맞았다. B 같은 탐구 강점자들은 뭔가에 흥미를 느끼면 무작정 파고들지만, 그걸 어떻게 팀의 성과로 연결시킬지에 대한 명확한 목표 의식은 잘 갖지 못했던 거다. 사실 이상적인 그림은 이거다.

1단계 B는 데이터에 흥미를 느낀다.
2단계 그걸 일에 접목해서 팀의 성과에 기여할 방법을 찾는다.

3단계   그 방법을 실행하는 데드라인을 정한다.

4단계   그에 맞춰 열심히 배우고, 정보를 수집한다.

5단계   데이터를 활용해서 성과를 낸다.

이를테면 B는 1-2-3-4-5단계가 아니라 1-4단계의 패턴으로 움직인 거다. 자기가 매료된 '그것'을 이용해 팀을 위해 뭘 언제까지 해야겠다는 생각은 없다. 그냥 흥미로우니까 계속 파는 것일 뿐. 이쯤 되면 팀원들이 오해하지 않는 게 이상할 지경이다.

탐구 강점을 가진 이들이 조심해야 할 건 이뿐만이 아니다. BBC 〈셜록〉 시리즈에 나온 에피소드를 소개한다.

왓슨이 셜록을 깠다. 아는 분야는 빠삭하지만 그 밖의 분야에선 상식이 부족하단 것. 예를 들어 셜록은 인체해부학엔 타의 추종을 불허하는 전문가지만 천문학에서는 이야기가 달랐다. 지구와 달, 해가 어떻게 움직이는지 중학생도 다 아는 상식을 모른다. 하지만 셜록은 반박한다. 자신의 머리는 하드드라이브고 유용한 정보로만 채워져 있다고, 다른 사람들은 쓸데없이 지식을 집어넣느라 낭비하는 거라고 말이다.

한마디로 탐구 강점자들은 자신의 관심 분야는 무한대로 깊이 파지만, 그렇지 않은 분야에는 상식 이하의 지식을 가질 수도 있다. 팀 목표와 연결 지을 생각 없이 파고들기만 해서 '쟤 지금 뭐 해?' 소리를 듣고 있는 그 팀원은 사실 그걸 어떻게 팀에 써먹을지 모르고 있을지 모른다. 그때 필요한 것이 바로 팀장의 얼라인이 아닐까.

"○○님의 전문성 인정. 자기 브랜딩 시대에 정말 유리한 강점입니다. 그래서 말인데, 그 전문성 우리 팀 ○○프로젝트에서 한번 써먹어보면 어때요?"

6. 창조: "형식과 반복 작업에 대한 불만은 자칫 책임감 없게 느껴질 수 있어요"

▶ 내가 아까 적었던 창조 강점 팀원

창조 강점자의 최강 무기는 '크리에이티브'다. 하지만 때론 그게 문제를 만든다. 신박한 일, 새로운 일을 하고 싶은데 뻔한 일, 반복적인 일을 하게 되어 불만을 밖으로 드러낼 때 특히 그렇다. 우선 팀에서 창조 강점 있는 그 팀원을 생각해보자. 그의 아이디어 폭죽 때문에 팀에서 불편한 기류가 감지된 적이 있는지도 한번 살펴볼 노릇이다.

한번은 이런 일이 있었다. 팀에서 지난달 진행했던 고객 이벤트 마무리 작업을 진행 중이었다. 당첨자 1,000명의 개인정보를 취합하고 경품을 발송하는 일이 신입 팀원 A에게 맡겨졌다. A는 마뜩잖은 표정이었다.

'이런 단순, 반복 업무 하려고 입사한 거 아닌데… 전 좀 더 크리에이티브하고 저만 할 수 있는 일을 하고 싶어요.'

나의 성장이 중요한 MZ세대다. 자신의 강점에 집중하고 싶고, 능력을 발휘해서 인정받고 싶다. 하지만 그럼에도 불구하고 조직에서 해주어야 할 역할과 책임, 배워야 하는 일은 존재한다. 그런 것을 염두에 두지 않은 채 자신의 지향만 주장하는 A를 두곤 팀에선 볼멘소리가 나올 수밖에 없다.

'누군 반복 작업을 하고 싶어서 하는 줄 아나….'

창조 강점자들이 받을 수 있는 오해는 다음과 같다.

- 이전에 했던 일을 반복해야 할 때 흥미를 잃고 사기가 저하된다.
- 자신의 아이디어에 책임감을 갖지 않고, 지나치게 자유로움을 추구해 조직의 위계질서나 팀워크를 깨트린다.
- 팀이 너무 답답하다고 짜증을 낸다.
- 형식적이거나 실용적인 것에 관심이 없다.

리더가 특히 힘주어 해야 하는 이야기는 조직-팀장-팀원의 역할 관계이다.

- **조직**: 지속 가능한 조직의 운영을 위해 각 팀에 성과를 요구한다.
- **팀(팀장)**: 조직에서 요구받은 성과를 내기 위한 R&R을 나눈다. 그 역할엔 반복적이고 단순한 업무도 당연히 포함된다.
- **팀원**: 팀에서 자신에게 부여한 역할을 수행하기 위해 자신의 강점을 십분 활용한다.

나답게 일하는 것이 '내가 하고 싶은 것만 하는 것'을 의미하지 않는다는 것을 알려줘야 한다. 요리에 빗대보자.

가족(팀) 파티를 열게 됐다. 가족 개개인(팀원)에게 각자의 역할이 주어졌다.

아빠: 청소하기   **엄마**: 장보기
딸: 집 안 꾸미기   **아들**: 식사 준비하기

그런데 아들이 불만을 토로한다.

"나 요리는 좋은데 재료 손질은 재미없어. 따분하고 너무 번거로워. 이건 엄마가 하면 안 돼?"

내 아들이었으면 등짝 스매싱이라도 날리련만, 단순 반복

작업은 하기 싫다고 토로하는 팀원 앞에 리더는 몹시 답답하고 곤란하다. 이럴 땐 팀이 요구받은, 그래서 팀원들에게 부여된 역할에 대해 열 번이고 백 번이고 이야기해줄 수밖에 없다. (R&R을 나눌 때 팀원들의 의견이 듬뿍 반영되어야 하는 건 물론이다. 이를테면 뭔가 만드는 것을 좋아하는 아들이 앞장서 식사 준비를 맡겠다고 나서는 것처럼.) 이 상황에서 '전 이거 싫은데요?'라고 말하는 건 월급에 대한 예의가 아니다. 그 작업이 정 싫거든 본인과 달리 재료 손질을 즐겨 하는 누나(다른 팀원)와 역할을 바꿔볼 수도 있다. 재료 손질을 좀 덜 지루하게 할 수 있는 방법을 고안할 수도 있다. 그 업무에 대한 선호와 별개로 그 역할을 성실히 수행하는 것은 월급에 대한 예의다.

이와 관련해서 좀 더 도움이 될 만한 이야기가 다음 차례에서 나온다. 잠시 스포하자면 태도는 때론 강점보다 더 힘이 센 녀석이다. Z세대에게라면 특히.

이야기가 길어졌지만 크리에이티브한 팀원에게 해줄 수 있는 한마디는 이거다.

"너의 그 반짝이는 아이디어가 세상에 나오려면 일단 우리 팀이 지속 가능해야 해. 그러려면 따분하든 싫든 우리 팀에 맡겨진 역할은 반드시 수행되어야 하고."

탐구

창조

7. 동기부여: "동료 배려하려다가 정작 업무는 진행이 안 될 수 있어"

동기부여 강점자의 최강 무기는 '배려'다. 하지만 때론 그 배려가 문제를 만든다. 한마디로 그냥 사람만 좋은 동료가 되어버리는 것. 우선 팀에서 동기부여 강점 있는 그 팀원을 생각해보자. 그의 배려가 팀에 불만 요소로 작용한 적이 있는지도.

나의 경우 한번은 이런 일이 있었다. S는 평소 리액션 좋고 칭찬 잘하기로 유명했다. 그가 들어간 회의는 늘 분위기가 화기애애했다. 하지만 그날 프로젝트 리뷰 회의는 분위기가 좀 달랐다. S의 직속 후배인 B의 실수로 인한 고객 컴플레인이 회의의 주제였기 때문이다. 싫은 소리 하는 걸 꺼려하는 S가 문제를 정확히 짚지 않고 넘어가려 하자 다른 동료가 기어이 입을 열었다.

"S, 좋은 게 좋은 거라고 넘어가는 건 좋은 선배가 아닌 것 같은데요."

동기부여 강점자들이 받을 수 있는 오해는 다음과 같다.

- 관계 때문에 일의 속도가 느려진다.
- 압박이 있는 상황에서는 우유부단해진다.
- 빈말로 칭찬한다는 오해를 받는다.

일하다 보면 좋은 의도가 좋지 못한 결과를 낳을 때도 있다. 동기부여 강점자들의 배려도 그중 하나다. 이들에게 "그런 거 신경 쓸 시간에 일이나 똑바로 하지?"라고 비아냥거리는 건 최악의 수다. 모두의 사기를 떨어뜨릴뿐더러, 그의 강점인 '동기부여'를 팀의 강점으로 쓸 수 없게 될 테니까.

상대에게 힘을 주고 싶어 하는 그 마음을 인정해주는 것에서 출발하자. 하지만 상대를 위해줄 수 있는 가장 좋은 방법이 칭찬만은 아니라는 사실도 덧붙여주자.

그때의 S에게 해주고 싶은 말은 다음과 같다.

"S 덕분에 팀 분위기가 화기애애해요. 하지만 칭찬이 만병통치약은 아닙니다. 특히 연차가 올라갈수록 그럴 거예요. S의 진정성을 그대로 담되, 상대의 성장과 프로젝트의 성공에 필요한 아픈 소리는 피하지 않았으면 합니다."

아, 하나 더 있다. 동기부여 강점이 강한 팀원은 동료의 사기에는 분명 큰 보탬이 되지만 정작 자기 자신은 빠르게 지칠 가능성이 높다는 것. 이와 관련된 연구가 있다.

그에 따르면 공감을 잘하는 의사의 환자는 그의 보살핌에 더 만족하고 의학적 권고 사항을 더 잘 지킬 확률이 높으며, 심지어 무심한 의사의 환자보다 병에서 더 빨리 회복하는 경향을 보였다고 한다. 그러나 공감력이 높은 사람들은 번아웃되거나 그만두거나 둘 다인 경우가 더 높게 나타났고, 대부분의 의사와 간호사는 처음에 보였던 높은 수준의 공감 능력을 빠르게 잃었다. 약 3년째가 되면 그들의 공감은 전체 인구보다 더 낮은 수준으로 떨어진다는 결과가 나왔다.

이런 게 아닐까. 동기부여 강점이 있는 A가 팀원 B, C, D에게 꾸준히 격려와 응원의 메시지를 보낸다. 그들의 말에 경청하는 것은 기본이다. 하지만 동기부여 강점이 상대적으로 낮은 B, C, D는 A가 자신들에게 한 만큼 A에게 에너지를 쏟지 못한다. 그러다 보면 A의 불만은 자연스럽다.

'(난 이렇게 경청하는데) B는 왜 내 말을 끊지?'
'(난 이렇게 호응해줬는데) C는 고맙단 말은커녕 반대 의견만 내네?'
'(난 이렇게 칭찬해줬는데) D는 자기 성과만 티 내려 드네?'

결국 팀원들에게 점점 에너지를 덜 쏟게 된다. 실험 속 의사와 간호사처럼 말이다. 이런 상황을 막기 위해 리더인 당신이 할 수 있는 건 이거다. 늘 누군가를 격려하고 경청해주는 동기부여형 팀원의 동기부여를 리더가 담당하는 것. 그래서 언제나 누군가의 에너지원이기만 한 그들의 콘센트가 되어주는 것이다.

8. 외교: "부탁에만 익숙해지면 정작 네 힘으로 할 수 있는 게 없어질지 몰라"

▶ 내가 아까 적었던 외교 강점 팀원

외교 강점자의 최강 무기는 '부탁'이다. 하지만 때론 그 부탁이 문제를 만든다. 혼자선 아무것도 할 수 없게 되는 것이다. 우선 팀에서 외교 강점 있는 그 팀원을 생각해보자. 그의 문제 해결 능력에 대해 불편하게 느끼는 팀원들이 생겼을지도 모른다.

이런 일이 있었다. 아이디어 회의를 하고 있었는데 마침 꽤 괜찮은 의견이 나왔다. 문제는 우리 팀에서 그걸 해본 적이 없다는 것. 외교 강점이 높은 팀원 S는 그게 무슨 대수냐는 표정이었다.

"그거 다른 팀에 물어보면 되잖아요."

문제는 맞은편에 앉은 팀원 B의 반응이었다. 짐작해보건대 그는 이런 생각을 하고 있었던 것 같다.

'일단 우리가 할 수 있는 방법을 찾아봐야 하는 거 아냐?'

외교 강점자들이 받는 오해는 다음과 같다.

- 자신만의 전문성을 쌓지 않는다.
- 다른 사람들에게 부담을 줄 수 있다.
- 정해진 사람들과 일해야 하는 환경에서 답답함을 느낀다.

외교 강점이 있는 그 팀원 입장에서 생각해보자. 잦은 부탁으로 동료들을 부담스럽게 할 수 있는 건 사실 두 번째 문제다. 그가 맞닥뜨려야 할 가장 큰 문제는 '나의 전문성'이다. 다른 이들을 통해 문제를 해결하는 데 익숙해지다 보면 정작 내 힘으로 문제를 풀 수 있는 역량에는 소홀해진다. 자연스럽게 나는 도움을 받지만, 나는 도움을 줄 수 없는 상황에 이를 수도 있다.

맨날 PPT 잘하는 동료에게 부탁해서 발표 자료를 만들던 이가 있다고 치자. 물론 자기보다 잘하는 동료의 손을 거치니 퀄리티는 더 높았을 거다. 하지만 도움을 받을 수 없는 상황이라면? 외교 강점을 가진 팀원과 함께 그런 상황을 시뮬레이션해볼 것을 추천한다.

나도 남에게 줄 것이 있어야 한다. 그게 리더인 자신이라면 더 조심해야 한다. 제대로 내용 파악도 하지 않고 무조건 '전달'만 하는 '포워딩 머신'은 MZ세대가 가장 일하고 싶지 않아 하는 리더 중 하나다.

그런 팀원에게, 그리고 리더인 스스로에게 해줄 말은 이거다.

"부탁을 통해 빠르고 효율적인 문제 해결을 추구하되, 누군가의 부탁을 들어줄 수 있는 '나의 전문성'이 뭔지는 고민해봅시다."

8가지 강점이 잘못 쓰였을 때 생길 수 있는 팀 내의 불편한 기류와 이때 해야 하는 쓴소리 방법을 살려봤다. 이제 당신의 팀원, 당신의 메시에게 왼발을 쓸 때 뭘 조심해야 할지 알려줄 수 있을 터. 그런데 말이다. 당신이 맞닥뜨릴 아주 커다란 산이 하나 더 있다. 바로 팀원 간 '갈등'이다.

동기부여

오교

갈등 해결은
최고의 성과

평생직장은 개뿔, 대퇴사의 시대다. 사실 이 말은 좀 뻔하고, 숫자로 들어야 와닿는다.

- 2021년 잡코리아가 2030대 직장인 343명을 대상으로 진행한 '첫 이직 경험'에 대한 설문조사에 따르면, 신입 절반 이상이 2년 안에 나간다고 한다. 이들의 첫 퇴직은 1년 미만이 37.5%, 1~2년 사이가 27%에 달한다.
- 딜리버리랩이 소개한 사례 중에는 '6개월만 근속해도 포상'하는 스타트업 기업이 있다고 한다.
- 딜로이트 컨설팅의 최신 성과관리 트렌드에 따르면 '밀레니얼의 60%는 7개월 근속을 충성이라고 생각한다'라고 한다.

그래서인지 요즘엔 '팀장님, 바쁘세요? 드릴 말씀이⋯.'란 문자를 받는 순간 당신의 가슴은 철렁 내려앉는다. 이들은 왜 자꾸 나갈까. 일이 힘들어서? 더 좋은 곳을 찾아서? 일이 안 맞아서? (물론 그럴 수도 있다.) 하지만 한번 생각해보자. '더러워서 때려치우고 말지' 싶었던 당신의 그 순간을. 당신은 무엇이 더러웠는지.

여러 조사는 공통적으로 한 방향을 가리킨다. 퇴사를 부추긴 건 '일'이 아니라 '사람'이라고. 열에 일곱은 사람 때문에 퇴사한다. 그래서 리더로서, 팀장으로서 가장 조심해야 할 건 팀원이 맞닥뜨린 '갈등'이다.

물론 회사 안에 악당 한 명이 있을 수도 있다. 하지만 그런 경우는 드물다. 대개 누구 한 사람만이 나빠서라기보다는 서로를 제대로 이해하지 못해서 갈등은 생긴다. 이미 눈치챈 분들도 있겠다.

지금부턴 퇴사를 부르는 '갈등'도 그들의 강점에서 이유를 찾아볼 생각이다. 강점으로 인해 불거진 대표적인 갈등 케이스 7가지를 살펴볼 것이다. 읽으며 머릿속으로 비슷한 갈등이 있는 팀원들을 적어보는 것을 추천한다. 그 팀원들 자체를 바꿀 순 없다. 하지만 서로를 바라보는 관점을 변화시킬 순 있다. 리더가 어떻게 이들의 갈등을 중재하는지에 따라서 말이다. 혹 팀원 간 불화로 고민이 깊은 리더라면 모쪼록 이 챕터에서 단서를 찾을 수 있길 바란다.

추진 vs 조정

추진 강점이 있는 .... vs 조정 강점이 있는 ....

추진과 조정은 우리가 일하며 가장 흔히 부딪히는 강점이다. 아주 세세한 계획까지 다 세우고 시작하는 이와 일단 시작부터 하고 방법을 찾는 이들은 쉽게 부딪히기 마련이니까. 그 대립은 프로젝트 킥오프 회의에서 가장 도드라진다. 일단 하면서 방법을 찾는 추진 강점자 팀원 A의 머릿속엔 이미 앞으로의 To-do list가 한가득이다. 조정 강점자 팀원 B는 다르다. 먼저 현실성, 리스크를 꼼꼼하게 챙기며 돌다리를 건너듯 계획을 세운다.

'저렇게 재고 따지다가 어느 세월에 착수하죠?' A의 눈엔 B가 답답하다. '사람이 저렇게 대책 없이 굴면 나중에 뒷수습은…' B의 눈엔 A가 한심하다.

특히 이들이 서로의 강점에 매우 낮은 강점을 갖고 있다면

(예를 들어 추진 강점 높은 A가 조정 강점이 매우 낮거나, 조정 강점 높은 B가 추진 강점이 매우 낮다면) 문제는 더욱 심각해진다. 이때 팀장이 할 수 있는 거의 유일한 솔루션은 각자의 강점을 먼저 인정해주는 것이라고 생각한다.

"A는 빠르게 추진하며 가능한 방법을 찾아내면서 성과를 내고 있고."
"B는 치밀하게 계획하고 안정적으로 이행하며 성과를 찾는 타입이야."

이유는 분명하다. 우린 누구나 내가 제대로 인정받지 못한다고 느낄 때 나와 다른 의견에 방어적으로 행동하게 된다. 안 그래도 입지가 위태로운데 반대 의견까지 나왔으니 스스로를 지키기 위해서라도 그 의견은 수용하기 어려울 거다. 하지만 리더가 먼저 자신의 기여와 역할에 대해 인정해준다면 많은 경우 마음의 빗장은 풀릴 터. 리더의 피드백이 중요한 까닭이 바로 여기에 있다.

그렇다고 팀원들에게 너무 진지하게 이야기를 꺼내면 분위기가 경직될 수 있으니 조금은 가볍게 훅 들어가는 것을 추천한다. 이때 활용하기 딱 좋은 콘텐츠가 바로 이거다.

팀원들과 함께 보세요
〈나 혼자 산다〉 헨리와 기안84 캠핑 여행 편

예능 프로그램 〈나 혼자 산다〉에서 헨리와 기안84가 캠핑 갔을 때의 상황이다. 강가에 자리를 잡은 기안84는 헨리에게 와서 큰 돌 좀 쌓아줬음 좋겠다고 하는데, 헨리는 계획을 세우고 회의를 하길 원했다. 바로 불을 피우고 싶어 하는 기안84와 그럼 잠은 어디서 자는 거냐고 반문하는 헨리의 서로 다른 성향이 잘 드러나는 장면이었다. 그냥 행동을 먼저 하길 원하는 기안84와 계획을 먼저 세운 다음 그에 맞춰 행동하길 원하는 헨리.

나와 팀원의 대립으로만 봤을 때 세상 억울한 일이지만 TV 화면으로 보면 참 '웃픈' 에피소드처럼 느껴진다. 의외로 답은 명확하다. 둘은 서로 다를 뿐이고, 서로를 존중하면 아주 즐거운 캠핑이 될 수 있다. 우리도 그렇다.

완성 vs 창조

완성 강점이 있는 .... vs 창조 강점이 있는 ....

이 갈등의 패턴은 흔히 아이디어 회의에서 많이 보인다. 예를 들어 각자 아이디어를 문서로 정리해서 발표하기로 했다고 치자. 완성 강점자 팀원 A는 제안의 배경과 타사 사례 조사까지 정리된 PPT 10장으로 자신의 아이디어를 발표했다. 하지만 웬걸, 창조 강점자 팀원 B는 빈손이다. 그냥 말로 하겠단다. 결론적으로 B의 아이디어는 신박했고, 매력 있었다.

하지만 A의 눈엔 문서로 정리해 오기로 한 것을 무시한 채 지나치게 자유롭게 구는 B가 영 맘에 안 든다.

'좀 완결된 자료로 준비해 와야 하는 거 아닌가?' B는 그런 A의 시선이 어이없다.

'뭐야, 결국 크리에이티브한 아이디어 갖고 온 건 나 아냐?' 이번에도 마찬가지다.

일단 팀장은 각자의 강점을 인정해줘야 한다.

"A는 마지막 1%의 디테일을 챙기며 성과를 내는 사람이고."
"B는 첫 1도의 새로운 크리에이티브를 통해 조직에 성과를 가져다주는 타입이야."

이 과정을 객관적으로, 그리고 재밌고 가볍게, 인지하게 하려면, 예능 프로그램 〈놀면 뭐하니?〉에서 결성된 걸그룹 '환불원정대'의 예를 드는 게 좋겠다.

엄정화(만옥), 이효리(천옥), 제시(은비), 화사(실비)의 조합은 정말이지 엄청났다. 그런데 만약 환불원정대에 보아가 합류했다면 어땠을까?(앞서 완성 강점자로 소개했던 내용을 떠올려보자.) 자유분방한 제시가 무대 위에서 가사를 잊어버리기라도 한다면? 자타 공인 연습쟁이에 완벽쟁이인 보아는 그런 제시의 행동을 질책할 것이다. 가사를 잊어도 특유의 순발력과 당당함으로 즉흥 랩이라도 했을 제시는 중요한 건 느낌이라고 반박할지도 모른다. 여러분이라면 누구의 편에 서겠는가?

디테일을 중요시하는 보아의 완벽한 '칼군무'와 제시의 순발력 있는 애드리브 덕분에 관객의 만족도는 무척 높았을 것이다. 두 사람 다 제각기 다른 매력이 있는 것뿐, 누가 옳고 그른 것은 아니다. 그러니 여러분도 자신의 강점만 믿고 동료들을 공격하지 않았으면 좋겠다. 좋은 결과를 위한 방법은 서로 다른 게 당연하다.

팀원들과 함께 보세요
〈놀면 뭐하니?〉 환불원정대 편

동기부여 vs 추진

경청이 미덕이라 배웠다. 실제로 누가 내 이야기를 잘 들어주었을 때 훨씬 아이디어가 잘 나오기도 하고, 이는 조직의 성과로 이어지기도 한다. 하지만 상상해보자.

회의를 하는데 동료 C가 허무맹랑한 아이디어를 개진한다. 회의의 주제와 전혀 맞지 않는데 혼자 신나서 벌써 5분째 발언권을 쥐고 있다. 다른 동료들 표정을 보아하니 반은 딴짓이고 반은 나처럼 답답해하고 있다. 그런데 팀장 A는 그저 경청 중이다. 평소에도 다른 이의 말을 끊는 걸 본 적이 없는, 하지만 칭찬과 인정은 아끼지 않는 A는 단언컨대 동기부여형 리더다. 보다 못한 B가 C의 말을 끊었다.

"지금 아이디어는 우리 회의 주제와 안 맞지 않나요? 이 회의의 목표는 ○○○입니다. 그걸 염두에 두고 진행하면 좋을 것 같아요."

순식간에 회의는 다시 방향을 찾았지만 동료 C는 다소 의기소침해 보인다.

다음의 경우는 좀 더 심각하다. 대개 많은 조직에서 달력이

2장쯤 남은 11월이면 결산 워크숍을 준비한다. 목적은 올해 결산과 내년도 계획 수립이다. 가장 첫 단계는 참여자를 확정 짓는 것이다. 문제는 팀엔 각기 다른 계약 형태가 존재한다는 것. 올해까지 근무 예정인 계약직 직원이 있을 때 문제는 조금 복잡해진다. 올해 함께 으쌰으쌰 성과를 내왔으나 내년도 계획엔 포함되어 있지 않은 팀원 D의 참석 여부를 두고 의견은 갈릴 수 있다.

동기부여에 강점이 있는 A는 이렇게 생각할 수 있다. "그래도 올해 함께 일해서 성과를 냈고, 현재도 우리 팀이니 충분히 자격이 있지 않나요?" 하지만 목표 지향적인 추진 강점자 B의 의견은 다를 수 있다. "워크숍의 주요 목표가 내년 계획을 세우는 건데 그분은 내년도에 팀에 없지 않나요? 그럼 역할이 없는 거구요."

다시 말하지만 정답은 없다. 상황과 맥락에 따라 판단은 리더의 몫. 다만 이들의 의견을 중재하는 과정에서 시시비비를 먼저 가리기에 앞서 이걸 강점 중심으로 재해석해줄 필요는 있다. '니들 왜 싸우니, 애들도 아니고' 이거 말고, '네가 잘못했네' 이거 말고, '강 건너 불구경' 말고, 각자의 강점으로 갈등을 해석해주자는 것. 두 관점을 모두 존중한 후, 전체 맥락을 고려해 결정은 리더가 하는 것이다.

"A는 팀원 개개인을 배려하는 차원에서 이런 의견을 낸 거고, B는 워크숍의 본디 목적인 내년 계획 수립에 충실하자는 의미에서 이런 의견을 낸 것 같아요. 제 판단에 이번 워크숍은 격려보단 계획에 초점이 맞춰져야 할 것 같습니다. D를 포함한 팀원 전체가 서로를 격려하는 자리는 따로 만들겠습니다. 워크숍 명단에서 D는 제외하는 걸로 할게요."

이런 상황을 팀원들에게 전달하기 좋은 소재가 오디션 프로그램이다. 심사위원들이 자기 의견을 말하는 시간이 많다 보니 유독 각각의 강점이 선명하게 드러났다. 그중 유독 흥미로웠던 조합을 SBS 서바이벌 예능 프로그램 〈K팝스타〉에서 볼 수 있었다. 심사위원은 양현석, 박진영, 유희열이었다. 정말 달라도 너무 다른 이들의 강점이 가장 드라마틱하게 보인 건 시즌 4의 김동우 참가자의 무대 직후였다.

그는 이번 시즌의 최고령 참가자였다. 음악이 하고 싶어서 회사까지 그만뒀지만 현실적 문제에 부딪혔고, 마지막 기회라고 생각하고 출연한 것이었다. 하지만 그의 무대에 심사위원들은 냉혹했다. 양현석은 "노래를 잘하는 것 같지 않다"라며 혹평했고 박진영은 "내 동생이라면 선뜻 밀어주지 못할 것"이라며

팀원들과 함께 보세요
〈K팝스타 시즌 4〉 유희열 심사위원의 와일드카드 편

고개를 저었다. 그렇게 불합격을 통보받고 주섬주섬 악기를 챙겨 무대를 내려가려던 그의 앞에서 두 명의 심사위원이 차례로 마이크를 들었다. 먼저 마음 급한 양현석은 앞에 놓인 참여자 리스트를 넘기며 제작진에게 다음 참가자를 물었다. 이어 마이크를 든 유희열은 전혀 다른 이야기를 하기 시작했다.

"잠깐만요, 동우 씨. 잠깐만 다시 자리에 앉아주세요. 지금까지 오랫동안 음악하신 거잖아요, 끈 놓지 않고서. 그 시간에 대해 다만 요만큼의 지지한다는 차원에서. 만약에 어디까지 가는 긴 여정이 있다면 짧게 가는 여기까지의 티켓까지는 끊어드리고 싶은데 그다음에 왕복 티켓은 본인이 어떻게든 해봐야 할 것 같거든요. 그런 지지의 마음으로 저는 오늘 와일드카드를 쓰겠습니다." (와일드카드는 탈락한 참가자를 심사위원의 직권으로 다음 라운드로 직행시킬 수 있는 카드다.)

K팝스타를 얼른 찾고 싶은 추진 강점자인 양현석과 참여자를 격려하고 싶었던 동기부여 강점자 유희열의 상반된 모습을 보여주는 장면이었다. 이쯤에서 팀원들에게 답을 물어보자. "이 장면을 보고 어떤 생각이 들어요?"

예상 반응 1 "정말 힘이 났을 것 같아요. 흑. 감동."

예상 반응 2 "불공평한 거 아닌가요?"

예상 반응 3 "저 프로그램의 목표는 K팝스타 뽑는 거 아닌가요?"

예상 반응 4 "아님 저 참가자한테 보컬트레이너를 한 명 연결해서…."

많은 경우 내가 가진 강점에 따라 답변이 달라진다. 예를 들면 이런 식으로 매칭해볼 수 있다.

1. **동기부여** 본인도 평소 동료들을 격려하며 성과를 내왔을 테니, 유희열에게 '엄지 척'을 들게 될 가능성이 높다.

2. **평가** 프로젝트의 문제를 잘 캐치하는 이들의 입장에선 유희열이 불공정하다고 판단할 수도 있다.

3. **추진** 평소 목표 달성을 중시했던 입장에선 얼른 스타감을 뽑아야 하지 않냐고 투덜댈 수도 있다.

4. **외교** 외부 자원을 연결해서 문제를 곧잘 해결했으니 김동우 참가자의 역량을 높여줄 누군가를 떠올렸을 수도 있다.

이런 과정을 반복하다 보면 '사람들이 다 나와 같은 기준으로 상황을 판단하는 건 아니군'이란 생각을 하게 된다. 그래서 동료 중 누군가가 '쟤 왜 저래?' 싶은 행동을 할 때 한 번 더 생각해볼 여지를 남겨줄 수 있다.

외교 vs 탐구

익숙지 않은 문제를 해결해야 하는 상황이 있다. 예를 들어 우리 팀에 '메타버스로 본부 워크숍 좀 준비해주세요'라는 미션이 떨어졌다고 가정해보자.

부탁으로 곧잘 문제를 해결하는 외교 강점자 A는 카톡창을 뒤져 며칠 전 만난 옆 팀 김대리를 찾을 수도 있다.

"김대리, 그때 김대리 후배 누가 메타버스로 뭐 했다고 하지 않았어? 어어, 나 뭐 좀 물어보려고."

뭐든 깊이 파고드는 것이 익숙한 B는 '메타버스에서 워크숍 하기'라며 구글링부터 시작할 거다.

B는 A를 이렇게 생각할 수 있다. '자기가 할 수 있는 일도 남한테 묻는 건 요즘 말로 핑거 프린세스 아냐? 자기가 먼저 좀 찾아보든가…'

A도 B가 마뜩잖은 건 마찬가지다. '쉬운 길 두고 돌아가는 건 고지식한 거 아닌가? 물어보면 빠르잖아.'

자, 그럴 땐 마찬가지로 각자의 강점 중심으로 재해석해주자.

"B는 깊이 있게 파고들어 성과를 내는 사람이고, A는 외부 자원을 연결하여 효율적인 방법을 찾는 타입이야. 문제 해결을 위해 각자의 방법으로 접근해보는 거고. 중요한 건 어떤 방법을 쓰느냐가 아니라 문제를 해결할 수 있느냐 없느냐라고 봐."

고개를 갸우뚱하고 있을 팀원들에게 들려줄 이야기, 이번엔 《삼국지》다.

《삼국지》의 영원한 주인공 유비는 앞서 설명한 것처럼 '프로 부탁러'였던 게 분명하다. 본인이 칼을 잘 쓰는 것도, 전략이 빼어나게 뛰어난 것도 아니었지만 문제없었다. 세계 제일 무장과 책사가 그의 옆에서 팔을 걷어붙이고 있었으니까. 한마디로 부탁을 잘해서 역사에 길이길이 남은 인물이 유비다. 한편 조조는 그 자신이 굉장히 뛰어난 전략가였다. 왕년의 애독자로서 너무 다른 강점이 있던 이 둘이 서로 마뜩잖게 생각하지 않았을까 추정하던 차에 무릎을 탁 치게 하는 기록을 하나 찾아냈다.

조조 측 하후연을 대파한 전투에서 유비는 책사 법정의 전략을 사용했다. 이 소식을 들은 조조는 이렇게 평했다.

"나는 예전부터 유비가 이 같은 일을 할 수 없음을 잘 알고 있었으니, 필시 남의 가르침을 받았을 줄 알았다."

쉽게 말해 이거다. '것 봐. 유비가 직접 한 거 아니라니까.

쯧쯧쯧. 군주가 되어서 지 혼자 할 줄 아는 게 그렇게 없어서야….'

스스로 파고들어 방법을 찾았던 조조의 입장에선 충분히 할 수 있는 생각이다. 물론 유비도 할 말은 있다. '아니… 할 일이 얼마나 많은데 그걸 어떻게 다 잘하냐고. 내가 좀 못하면 어때. 나보다 훨씬 잘하는 사람한테 부탁하면 바로 답이 딱 나오는 걸. 미련하게 자기가 다 혼자 하려고….'

팀원들에게 '너는 유비, 너는 조조처럼 일하는 것'이라고 이야기해주자. 그리고 이렇게 물어보자. "조조가 유비에게 코웃음 대신 인정의 박수를 쳤다면 어땠을까?" 이게 바로 고수라고, 나와 다른 상대를 대단하다 여기고 그와 기꺼이 협력하려 하는 이 태도가 바로 고수라고 말해주자.

평가 vs 동기부여

평가 강점이 있는 .... vs 동기부여 강점이 있는 ....

평가와 동기부여 강점이 극명하게 부딪히는 건 보통 리뷰 회의에서다.

마찬가지로 예를 들어보자. 팀에서 진행한 오프라인 프로모션 결과가 기대에 못 미쳤고, 이를 리뷰하기 위한 회의가 열렸다.

A는 처음부터 공격적으로 문제점을 들춘다. "이건 행사장의 선정과 타깃팅부터 잘못됐다고 봅니다. 우선 MZ를 타깃팅했던 게 패착이었어요. 왜냐면…."
B는 속이 답답하다. 겉으로 표현은 안 하지만 이런 생각을 하는 게 눈에 보인다. '지금 그 프로젝트 때문에 몇 날 밤을 새우고도 여기 죄인처럼 앉아 있는 사람이 몇인데 꼭 앞에서 저렇게 말해야 해? 우리가 일부러 그랬니?'

평가에 강점이 있는 A의 눈엔 프로젝트의 문제점이 잘 보이고 동기부여에 강점이 있는 B의 눈엔 그보다 A의 말로 인해 상처받은 팀원들의 표정이 잘 보이는 것이다. 팀엔 문제를 지적하는 눈도 필요하고, 동료들의 감정을 살피는 눈도 필요하다.

두 사람 모두 조직의 성과에 기여하고 있고, 이를 리더가 말해줘야 한다. 이들에겐 예능 프로그램 〈놀면 뭐하니?〉 '닭터유' 편을 보여주자.

팀원들과 함께 보세요
〈놀면 뭐하니?〉 닭터유 편

이 에피소드에서 유재석과 박명수는 구내식당에서 치킨을 튀겨 공급하고 있다. 유재석이 닭을 튀겨서 박명수에게 넘기면 양념을 묻혀 배식하는 프로세스다. 하지만 박명수는 유재석을 노려보고 있다. 유재석이 닭 튀기는 속도가 느려서 배식하기는 커녕 양념도 제대로 묻히지 못하고 있다고 생각했기 때문이다. 박명수는 끊임없이 유재석을 타박한다.

(유재석을 향해 호통치며) "거기다 자꾸 주면 양념을 어디다 해. 지금 다 타잖아!"

배식을 기다리고 있다가 버럭 소리에 당황한 손님에겐 억지 미소를 지어 보이며 논리적으로 말한다.

"아, 죄송합니다. 저쪽에서 후라이드가 안 와서 그런 거지 제 잘못은 아니에요. 일본에서 반도체 재료를 안 보내줘서 지금 마지막 완성을 못 하고 있습니다. 재료가 안 와요. 불화수소가."

어이없다는 표정으로 박명수를 쳐다보던 유재석의 생각은 이럴 거다.

'내가 놀고 있어? 뭘 그렇게까지 탓해, 쟤는? 그리고 대안을 같이 제시하든가.'

박명수는 논리적으로 문제를 찾아내고 지적하며 성과를 내는 평가 강점자이다. 이대로 가면 산으로 가게 되는 걸 막을 수 있는 중요한 역할. 한편 유재석은 '빼박' 동기부여 강점자이다.

같은 말을 하더라도 상대의 기분이 덜 상하는 방법을 끊임없이
고민한다.

팀원들에게 이렇게 물어보자. "박명수가 틀린 말을 한 건 아
닌데, 박명수의 말을 들으면 어떤 생각이 들 것 같아요?"

아마도 짜증, 남 탓 같은 키워드가 나올 것 같다. 그럼 그걸
가지고 이야기를 이어가는 것이 좋다. 맞는 말, 옳은 지적을 하
더라도 그 지적의 방향이 문제의 해결이 아니라 책임 소재의
규명이라면 그건 남 탓처럼 느껴지기 딱 좋지 않나. 내 언행으
로 인해 불필요한 손해를 볼 수도 있다는 경각심도 때론 필요
하다.

탐구 vs 추진

탐구 강점이 있는	vs 추진 강점이 있는

탐구와 추진 강점의 충돌은 보통 '새로운 일을 시작할 때'
벌어진다.

회사에서 신사업 도전이 도마에 올랐다고 하자. 탐구 강점
자 A는 천천히 다양한 정보와 지식을 취합해보고 이에 기반해
서 신중하게 결정하자고 한다. 하지만 추진 강점자 B는 이게 지
금 시장성이 굉장히 좋은 아이템이니 일단 시작하고, 실행하며

방법을 바꿔가자고 주장한다.

A는 B가 어이없다. '그러다가 망하면 어쩌려고? 뭐 제대로 알아보고 하는 소리야?'
B는 A가 한심하다. '요즘 세상에 모든 게 명확하게 딱 떨어지는 사업 아이템이란 게 있기나 한가? 일단 부딪히면서 방법을 찾아야지.'

A는 신중한 거고, B는 애자일하다. 이 역시 마찬가지로 맥락을 고려하여 리더가 판단해야 한다. 다만 그에 앞서 각자의 강점을 인정하고 존중해주면, 그 강점은 풀 죽지 않고 계속 작동할 것이다.

강점을 연구하며 다른 강점도 그렇지만 탐구와 추진은 정말 부딪힐 수 있겠다고 생각했다. 한쪽은 진득하게, 한쪽은 신속하게 판단하려 하니 그럴 수밖에. 이런 구도를 팀원들에게 설명하기 딱 좋은 게 바로 워런 버핏과 일론 머스크의 사례다. 마침 그즈음 주식시장이 굉장히 주목받고 있을 때였고, 일론 머스크와 워런 버핏의 이름이 자주 해외 토픽에 등장했다.

이번에 팀원들에게 들려줄 이야기는 사탕수수 이야기다. ('워런 버핏 일론 머스크 트위터 설전'이라고 구글링해보자. 이 책의 사례 말고도 새로운 사례들이 속속 나타날 것이다.)

Elon Musk @elonmusk   5m

I am super super serious

Show this thread

 Elon Musk @elonmusk   5m

I'm starting a candy company & it's going to be amazing

 Elon Musk @elonmusk   23m

m.youtube.com/watch?v=oWgTqL…

> **Bloomberg** @business
> Warren Buffett to Elon Musk: "There
> are some pretty good moats around"
> bloom.bg/2KBicMW
>
>

 Elon Musk @elonmusk   21h

Looks like sooner than expected.
The sheer magnitude of short
carnage will be unreal. If you're
short, I suggest tiptoeing quietly to
the exit …

barrons.com/articles/tesla…

Show this thread

<워런 버핏과 일론 머스크 트위터 설전>

트위터의 내용은 살짝 어려운 경제 개념이니 대충 느낌으로만 이해하고 넘어가자. 투자의 귀재로 불리는 워런 버핏은 투자를 결정할 때 '경제적 해자'를 고려한다.

2018년 일론 머스크는 이에 '변변찮은 개념'이라며 대놓고 비웃었다. "적이 오는데 방어막이 해자 하나라면 오래 살아남지 못할 것이다. 중요한 것은 혁신의 속도"라고. 이에 버핏도 "예를 들어 나는 '시스캔디'를 1962년 인수해서 꾸준한 이익을 내고 있다. 머스크도 사탕에 관해서라면 우리를 따라오기 어려울 것이다"라고 응수했고, 이에 발끈한 머스크가 트위터에 "나는 사탕수수 회사를 시작하려 한다. 이건 정말 끝내줄 것이다. 나는 아주아주 진심이다"라고 쓴 것이다.

워런 버핏은 수많은 경험과 지식을 축적하였고, 이를 토대로 '경제적 해자'를 자신의 투자 원칙으로 삼았지만, 머스크는 '요즘 시대의 핵심은 혁신의 속도'를 외치며 그런 워런 버핏을 비웃었던 것이다.

이 사례를 통해 사실 나는 위로를 받았다. '어랏, 일론 머스크와 워런 버핏 같은 세기의 셀럽들도 자기 강점을 기준으로 남을 까네?'

우린 일론 머스크처럼 화성에 식민지를 건설할 수도, 트위터를 인수할 수도 없다. 좀 더 현실적으로 보이긴 하지만 워런 버핏처럼 하루에 500쪽씩 책을 읽는 것도 사실 불가능하다. 하지만 이들이 못하는 걸 할 수 있다. 바로 상대의 강점으로 상대를 보는 것. 그래서 내게 없던 그 부분을 채울 수 있게 팀플레이하는 것이다. (보고 있나, 일론 머스크 & 워런 버핏!)

창조 vs 평가

창조 강점이 있는 _____ vs 평가 강점이 있는 _____

창조와 평가의 갈등은 이번에도 아이디어 회의에서 드러나기 쉽다.

예를 들어 팀에서 3일 후에 있을 행사 준비에 한창이라고 해보자. 다들 각자 맡은 일을 챙기느라 정신이 없는데 A가 갑자기 손을 번쩍 들고 새로운 아이디어를 쏟아낸다.

"행사장 체온 측정기 옆에 셀카 부스를 하나 설치하면 어때요? 그리고 그 뒤로 실시간으로 업로드되는 인스타그램을 보여주는 대형 전광판도 설치하는 거예요!"

다들 당황한 눈치다. 3일 앞으로 다가온 행사에 적용하기엔 현실성이 너무 떨어진다. 무엇보다 지금은 다들 준비 막바지에 정신없을 때 아이디어 폭죽을 터뜨리니 당황스러울 수밖에.

이때 B가 대놓고 핀잔을 준다. "A, 아이디어를 내고 싶을 땐 팀 상황과 현실성을 고려하고 이야기하세요. 지금 3일 남았어요."

A는 '생각난 아이디어, 말도 못 하냐?' 하는 표정을 짓는다.

먼저 알아야 할 A와 B에 대한 비하인드가 있다. A는 크리에이티브로 성과를 내는 사람이다. 같은 재료도 신기하게 연결해서 예상치 못한 한 끗을 만들어낸다. 그런 아이디어들이 조직에 활력도 가져오고, 새롭게 문제를 해결하기도 한다. 하지만 그의 크리에이티브가 항상 유효한 것은 아니다. 때론 뻔한 아이디어로 안전하게 움직여야 할 때도 있고, 크리에이티브보다 현실성이 가중치가 훨씬 높은 경우도 비일비재하다. 그런 경우에 아이디어를 필터 없이 던지면 받아들여지기 어려울 뿐 아니라 현실감각에 대한 의심을 받을 수도 있다.

B는 지적으로 성과를 내는 사람이다. 잘못된 타이밍에 아이디어 폭죽을 터뜨린 A의 문제도 바로 캐치하고 지적했다. 냉정한 상황 판단이 중요하다는 사실에 반대하는 이는 없을 터, 하지만 A와 마찬가지로 방식의 문제다. 그 방식에 따라 전혀 다른 반응이 나올 테니까.

우선 창조와 평가 강점의 갈등 구조를 설명하기 위해 예능 프로그램 〈무한도전〉의 한 장면을 꺼내보자. 〈무한도전〉 멤버들이 둘러앉아 있다. 아무래도 다음 회 아이디어 회의를 하는 것 같은데 어째 노홍철만 신나서 혼자 떠들고 있는 것 같다.

"긍정 특집 어때요, 형님. 우리 뒤풀이할 거 아니에요. 신나게 놀면 피곤하겠죠. 자는 거야. 잠 금방 들겠지. 물 막 붓고 그러면 웃으면서 버티기. 무조건 웃으면서. 짜증 내면 정말 독한 벌칙을 주는 거야. 눈썹 밀어버리고. 세트 필요 없어. 그냥 여기서 자도 돼. 워밍업은 깃털로 하다가 물로 빡! 어때. 휠체어 막 배로 밀고. 재밌지 않아요, 형님?"

관전 포인트는 나머지 멤버들의 표정이었다. 유재석은 어떻게든 저 아이디어를 살려주고 싶은데 방법을 못 찾아서 난감해하는 기색이 역력하다. 정형돈은 왜 넌 맨날 미는 걸 좋아하냐며 핀잔을 준다. 유독 냉정한 표정으로 '저 XX…' 하는 표정을 하는 것이 박명수다. 신박한 아이디어를 곧잘 내놓지만 책임감과 팀워크는 살짝 부족할 수도 있는 창조 강점자가 노홍철이고, 문제점을 잘 발견해내지만 시니컬한 태도로 동료들에게 상처를 줄 수도 있는 게 평가 강점을 지닌 박명수다.

한마디로 "기왕이면 새로운 거죠! 하던 거 할 거면 왜 해요?"와 "야, 말이면 다 말이 아냐. 현실성 좀 생각해보고 뱉어"

팀원들과 함께 보세요
〈무한도전〉 노홍철의 긍정 특집 아이디어 편

가 붙은 것이다.

자, 이렇게 서로 다른 강점이 부딪혔을 때 생길 수 있는 문제를 시뮬레이션해봤다. 자꾸 표정 구기는 팀원들의 상황을 강점으로 해석하는 데 도움이 되었길 바란다. 모르긴 몰라도 앞으론 팀에 냉기류가 흐르면 이들의 강점부터 복기해보게 될거다.

당신의 한마디가 팀원을 살린다

지금까지 실컷 한 이야기를 한 줄로 요약하면 이거다.

"갈등도, 실수도 네 강점 때문에 생길 수 있어."

얼마 전 후배와 밥을 먹을 일이 있었다. 숟가락을 뜨는 둥 마는 둥 하길래 물었더니 고민이 있다고 했다.

"팀 동료와 사이가 너무 안 좋아요. 자꾸 같은 포인트에서 부딪히는데… 이해해보려고 노력했지만, 저와 생각이 너무너무 달라서 포기했어요. 저 야근도 주말 근무도 그렇게 힘들지 않거든요? 근데 그 동료와 함께하는 회의는 너무 두려워요. 전날부터 안절부절못하겠고 다른 일도 손에 안 잡히고요. 이대로 가다간 팀을 옮기든 이직하든 해야 할 것 같아요."

그 후배는 동기부여에 강점이 있는 친구였다. 이야기를 들어보니 불화가 있는 그 동료는 평가에 강점이 있는 듯했다. 배려와 경청이 몸에 배어 있는 후배에게 유달리 시니컬하고 불만 많은 동료는 외계인 같은 존재일 수밖에. 그래서 앞에서 한 이야기를 해줬다. 〈K팝스타〉〈놀면 뭐하니?〉 영상도 같이 봤다. 한참 화면을 응시하던 후배가 입을 열었다.

"위로가 돼요."

의외의 반응이었다. '아, 이렇게도 해석할 수 있겠네요' 정도로 받아들일 줄 알았는데 위로라니.

"이렇게 동료랑 갈등이 있거나 부정적 피드백을 들을 때마다 그런 생각을 했거든요. '내가 또라이인가, 내가 문제인가, 나 왜 이러지….' 그러다 상황이 너무 힘들면 상대를 맹목적으로 미워하거나 '쟤 또라이 아냐?' 생각하기도 했구요. 양쪽 다 괴로웠죠. 근데 선배 이야기 들어보니 위로가 돼요. 사실 그게 우리 강점인데 좀 덜 다듬어져서 어설프게 쓰였고, 서로가 그걸 잘 몰라서 오해했을 수도 있겠구나 싶어요. 뭐랄까, 더 잘해보고 싶어졌어요. 더 잘할 수 있을 것 같아요."

몇 년 전의 나도 같은 고민을 하고 있었다. 누가 미웠고, 내가 미웠다. 그러다 우연히 나를 강점으로 바라봐주는 리더를 만났고, 우리 둘 중 누구도 또라이가 아니라는 결론에 이르렀다. 이 책을 쓰게 된 것도 그래서다. 그때 내가 받았던 위로를 당신과 당신의 팀원에게도 주고 싶다. 그래서 리더일 당신에게 꼭 이야기해주고 싶다.

당신의 한마디에 팀원은 인생의 위로를 받을 수도 있다.

PS

그런데,
강점이고 뭐고
기본이 안 된 팀원은요?

감동적인 분위기도 잠시, 다시 현실로 돌아와보자.

지금쯤 굉장한 답답함을 토로하고 있는 이도 있을 것 같다. (그 답답함에도 책을 덮지 않고 여기까지 왔다니 존경을 표한다.)

"휴… 다 맞는 말이죠. 근데 진짜 눈길도 주고 싶지 않은 팀원도 있어요. 강점이고 뭐고 기본 태도가 안 된 녀석들도 있단 말입니다! 그런 팀원들은 어떻게 하죠?"

강점으로 피드백해야 하는 것 인정. 그렇게 신뢰를 쌓고 실수와 갈등 해결에 대한 팁을 줘야 하는 것도 인정. 하지만 그걸 마음에 깔아도 속이 부글부글 끓는 팀원이 있다면?

늘상 미디어가 주목하는 건 MZ세대의 의견이다. 블라인드나 잡플래닛을 봐도 그렇다. 그래서 MZ세대들이 어떤 불만을 갖고 있고, 어떤 것을 바라고 있는지는 이미 많은 이들이 안다. 하지만 그들의 리더는? 그 윗 세대는? 내가 그들의 진짜 고민을 들을 수 있었던 건 기업 리더 강연을 다니면서부터다.

"우리는 팀원을 이해하려 이만큼 애쓰잖아요. 근데 팀원들은요? 그들은 우리를 이해하려 어떤 노력을 하죠?"

질문으로 포장된 리더의 울분이 아직까지 선명하다. 이들 중엔 X세대 임원도 있었지만 이제 막 팀장을 단 내 또래의 MZ세대 팀장도 적지 않았다. 세대는 달라도 그들의 불만은 사실 같았다.

"요즘 팀원들은 패기가 없어요. 결국 주니어들한테 바라는 건 그건데, '한번 해 보겠습니다' 그 소리 들어본 게 언제인지 모르겠네요."
"요즘 팀원들은 리더에 대한 존중이 없어요. 뭐 좀 하라고 하면 왜 해야 하네요."
"요즘 팀원들은 책임감이 없어요. 팀 성과엔 아랑곳하지 않고 자기 커리어만 챙기려 들어요."
"요즘 팀원들은 팀워크가 없어요. 팀장이 야근하고 있는데 아무 말 없이 퇴근한다니까요."

결국 리더들이 공통적으로 지적하는 건 팀원들의 '태도'다. 지금까지 백 번쯤 반복한 이야기, '팀원들의 강점을 존중해야 해요!'에는 그 이야기가 빠져 있다. 주인공은 마지막에 나오는 법. 지금부턴 당신의 속을 부글부글 끓게 하고 있는, 바로 그 태도에 대한 이야기를 시작하려 한다.

CHAPTER 3

강점 백업

실수와 갈등을 피하는 건 바로 태도야

한숨만 나오는
그 팀원의 태도,
변할 수 있다

"휴… 다 맞는 말이죠. 근데… 진짜 눈길도 주고 싶지 않은 팀
원도 있어요."

"강점이 있긴 한데… 너무 기본이 안 되어 있어서 강점이
전혀 안 드러나요."

여기까지 읽고도 한숨만 나온다면 당신은 첫 번째 패턴부터
막혔을 가능성이 크다. 팀원의 강점은 어떻게든 찾아야 한다.
다시 챕터 1에서 소개한 '8가지 강점 사전'으로 돌아가자. 아주
작은 꼬투리라도 좋으니 그 팀원의 강점을 캐치하자. (다함께 태
니지먼트 진단을 받는 것도 아주 좋은 방법이다.) 그리고 꾸준히 그 강
점에 대해 언급해주자.

"넌 이런 강점을 갖고 있어."

"그 강점으로 이런 성과를 낼 수도 있어."

리더의 진심이 전해졌다면 드디어 당신이 고민 중인 바로 그 '기본'에 대해 이야기할 차례다. 이렇게.

"근데 너의 강점이 제대로 발휘되려면 꼭 필요한 게 있어. 바로 태도야."

기본은 태도다. 성과도 태도가 만들고, 문제도 태도가 만든다. 아무리 일 잘하는 팀원이라 해도 약속된 회의에 한참 늦게 들어오며 손에는 테이크아웃 커피잔을 든 그와 일하고 싶을까?

나다운 게 중요한 시대와는 전혀 상관없이 이들의 태도는 바뀌어야 한다. 나다운 게 아니라 나에게 해가 되기 때문에 그렇다. 나뿐 아니다. 동료와 리더, 팀에 해가 될 수 있다. 팀장은 그 변화를 도와야 하고, 도울 수 있다. 물론 이런 생각이 계속 맴도는 분들도 있을 것 같다.

'사람은 안 변하지…. 20년, 30년을 그 태도로 살아왔는데….'

몇 년 전, 나는 김정훈 팀장님과 두부 요리를 먹고 있었다.

(짭조름한 양념장이 일품이었던 기억이 난다.) 당시 나는 동료에게 비난인지 피드백인지 모를 이야기를 듣고 잔뜩 격양된 상태였다. 팀장님은 내 편이라는 생각에 속을 숨김없이 드러냈던 것 같다.

두부를 푸던 팀장님이 국자를 내려놓으며 이런 말을 했다.

"윤경아, 화난 것 너무 이해된다. 근데 아무리 화가 나는 상황이라도 누군가의 피드백에 그렇게 격양된 반응을 보이는 건 좋지 않아. 너를 위해."

김정훈 팀장님은 내 '절제하지 않은 태도'를 꼬집은 거다. 늘 참지 못하고 하고 싶은 말 다 하고 살았던 내게 팀장님은 '그 감정을 잠시 참았을 때' 내가 좀 더 나은 사람이 될 수 있다는 이야기를 했던 것이다.

난 그 후로 누군가의 피드백에 감정적으로 반응하지 않으려 노력한다. 여전히 화가 머리끝까지 치솟을 때도 없지 않지만 적어도 이젠 '들이받지'는 않는다. 나는 변했고, 그 변화의 계기는 김정훈 팀장님의 한마디였다.

안다. 사람은 쉽게 변하지 않고 더 오래 함께 살아온 그 팀원의 엄마도 그 태도를 어쩌지 못했다. 하지만 말이다. 엄마도 하지 못한 일을 당신이 할 수 있다면 너무 멋지지 않을까. 다른 리더들이 할 수 없는 일을 할 수 있으니 당신만의 무기가 될 수 있다.

솔깃하다면 이번 챕터를 읽어보자. 자기 강점을 제대로 발휘하면서 누구나 함께 일하고 싶은 태도를 만드는 5단계 방법을 이야기하려 한다. 일단 다음의 문장을 한번 쭉 읽고 나서 다음 페이지부터 이어지는 내용을 숙지해보자.

STEP 1. 일단 인정한다, 태도도 실력이라는 것을.
STEP 2. 흑역사의 원인을 12가지 태도에서 찾는다.
STEP 3. 리더부터 깐다, 흑역사 만든 태도를.
STEP 4. 성과만큼 태도에도 물개 박수 친다.
STEP 5. 태도별 맞춤 솔루션을 제시한다.

한숨만 나오던 그 팀원의 태도, 변할 수 있다.

일단 인정한다,
태도도 실력이란 것을

"일만 잘하면 되는 거 아닌가. 어차피 성과 내자고 있는 게 조직인데…."

이 말, 참 많이 들린다. 지각을 하든 동료에게 주지 않아도 될 상처를 주든 결국 성과 좋은 놈이 장땡 아니냐는 논리다. 일리 있다. 하지만 전제가 잘못되었을 수도 있다. 태도와 성과를 떨어뜨려 생각할 수 있을까.

지각을 밥 먹듯 하는 그 팀원, 지각하지 않으면 불필요한 오해와 빈정을 덜 살 거다. 자연스레 더 좋은 성과를 낼 수 있다. 또 다른 팀, 동료에게 아픈 말로 상처 주지 않는다면 그 갈등에 마음 쓸 시간도 아끼고 그 동료와 서로 도울 점도 찾을 수 있다. 태도는 성과와 붙어 있다.

이 이야기를 팀원들과 나누기에 딱인 사례가 축구에 있다. 축구는 몰라도 이들은 안다는 이 시대의 플레이어, 메시와 호날두 이야기다.

이들은 축구의 역사에 길이 남을 것이 분명한 세기의 라이벌이다. 둘 다 '어나더 레벨'의 선수들이라는 점은 누구도 부정할 수 없지만, 그 둘은 정말 다르다. 그걸 단적으로 보여주는 것이 선수 기용에 대해 코치진이 내놓은 평가들이다.

"메시와 호날두는 모두 탑플레이어다. 그러나 호날두는 뽑지 않았다. 내겐 팀을 위해 어떻게 할 것인가가 중요하다. 호날두는 승리를 가져오겠지만, 난 개인적 성향의 선수보다 팀플레이어가 좋다."

"호날두의 목표는 득점일 뿐 어시스트나 팀에 기여하는 것엔 관심이 없다. 반면 메시는 팀 전체를 성장시킨다. 나는 메시 같은 선수를 좋아한다."

"호날두는 유벤투스의 공격에 걸림돌이 된다. 그가 없으면 유벤투스는 더욱 훌륭하게 팀플레이를 구현할 수 있을 것이다."

둘에 대한 평판을 가른 건 실력이 아니었다. 그 기저에 깔린 '태도'였다. 이건 사무실에서도 마찬가지다.

상황 1	영업팀 A는 모든 회의에 늦는다. 미안해 죽겠다는 표정으로 들어오는데 손엔 테이크아웃 커피잔이 들려 있다.
상황 2	회계팀 B는 절대 야근하지 않는다. 팀의 프로젝트 마감은 그에게 고려 사항이 아니다. 일이 끝나든 말든 무조건 '정퇴'다.
상황 3	디지털혁신TFT C는 좀처럼 손을 들지 않는다. 좀 역할을 해주었으면 싶은데 늘 자신 없다며 고사한다.
상황 4	데이터 분석팀 D는 늘 날이 서 있다. 동료의 작은 실수도 용납하지 않는다. 그의 힐난을 들은 동료는 풀이 죽는다.

이런 동료와 일을 함께 하라고 한다면 이 글을 읽는 사람 모두 다음과 같은 답변을 할 것이다.

"그분 능력 있죠. 네? 같이 프로젝트를 하라고요? 아….."

이쯤 되면 태도도 실력이란 걸 부정할 순 없어 보인다. 그 사실을 팀원들과 함께 '전제로 까는' 것부터 시작해보자. 그래도 공익광고 캠페인처럼 뻔하지만 와닿진 않는 이야기로 받아들인다면 박세혁의 이야기를 할 차례다.

일명 '박세혁의 흑역사 vs 양준혁의 인생샷'

때는 2021년 프로야구 한국시리즈 1차전. 밑에서부터 치고 올라온 두산과 기다리며 칼을 갈고 있던 KT가 맞붙었다. 결과는 KT의 승. 하지만 경기 후 가장 주목받은 것은 경기의 MVP가 아닌 두산 포수 박세혁이었다.

사건의 발단은 1:4로 지고 있던 두산의 마지막 공격, 9회 초 박세혁의 타석이었다. 그는 3루수 방면으로 뜬공을 친 뒤, 타구를 지켜보다 주루를 포기하고 더그아웃으로 발걸음을 돌렸다. 그러나 야구는 늘 드라마를 쓴다. 타구가 조명에 들어간 탓에 KT 수비수 황재균이 공을 놓친 것이다.

타자가 열심히 뛰었다면 1루에 들어갈 수도 있었을 시간, 게다가 타자 주자는 발이 빠르기로 유명한 박세혁이 아닌가. 그러나 그는 전력 질주하지 않았다. 당연히 아웃이겠거니 하늘 높이 솟은 공을 쳐다보다 뒤돌아 더그아웃으로 들어가던 그는 뒤늦게 상황을 파악하곤 허둥지둥댔다.

망연자실한 그의 표정은 중계 화면에 그대로 클로즈업되었고, 그의 야구 인생에서 길이 남을 흑역사가 되고 말았다.

그가 흑역사를 만든 건 발이 느려서, 야구를 잘하지 못해서 가 아니었다. '태도'였다.

그는 일찌감치 포기하고 어떤 파이팅도 보여주지 않았다.

그날 많은 기사에서 은퇴한 양준혁 선수가 박세혁 선수와 함께 소환됐다. 박세혁의 '산책 주루'와 양준혁의 '진심 주루'를 비교한 것이었다. 양준혁은 야구사에 길이 남을 불방망이였다. 통산 타율 3할 1푼 6리를 기록한 KBO 역사상 최고의 지명타자 였으니까. 하지만 많은 이들의 머릿속에 기억되는 건 엉뚱하게 도 뛰는 장면이다. 그는 언제나 열심히 뛰었다.

"항상 1루로 열심히 뛰었던 선수로 기억되고 싶다. 난 한 번 도 1루까지 걸어간 적이 없다."

"평범한 타구에 전력 질주를 하면 내야수의 실수를 유도해 서 1년에 2~3번 정도는 세이프된다."

박세혁에겐 흑역사, 양준혁에겐 역사적 장면이 남았다. 그 게 바로 태도의 힘이다. 때론 강점보다 훨씬 힘세게 당신의 인 생을 바꿔놓을 수 있는 것이 바로 태도다.

흑역사의 원인을
12가지 태도에서 찾는다

팀원 A는 모두에게 환영받는 동료다.

자기 일도 열심히 하지만 무엇보다 곤경에 처한 동료들을 그냥 지나치는 법이 없다. 동료들의 업무 요청에 절대 NO라고 말하지 않는 A를 탐내는 팀도 여럿이었다. 그런데 말이다. A의 팀장 B의 생각은 조금 다른 것 같다. 한번은 식사 자리에서 옆 팀 팀장이 부럽다며 말을 꺼냈다.

"B 팀장님은 좋겠어요. A 같은 든든한 팀원이 있어서. 우리 팀원들은 무슨 일만 주면 손사래 치기 바쁜데 말이에요."

듣고 있던 B 팀장이 한숨을 깊게 내쉰다.

"그게… 그렇지만도 않아요."

오프 더 레코드를 전제로 B 팀장이 입을 열었다. 팀원 A가

근래 퇴사 면담을 요청했다는 것. 전혀 예상치 못한 전개에 모두 어안이 벙벙하다.

"번아웃이 왔대요. 일이 너무 많아서요. 근데 그럴 만도 해요. 원래 맡은 일만 해도 하루 8시간이 꽉 차는데 팀 안팎에서 A를 찾는 사람들이 한둘인가요. 그렇게 일 더미에 쌓여 주야장천 야근하기에 한번은 불러서 물어봤어요. 괜찮냐고요. 그랬더니 또 씩씩하게 괜찮대요. 그러더니 지난주에 도저히 안 되겠다고 면담 신청을 했더라구요."

문제는 그뿐이 아니었다.

"A가 가장 괴롭겠지만, 사실 저도 좀 곤란했거든요. 솔직히… 일의 퀄리티가 안 나왔어요. 기획서도 참 진심으로 열심히 쓰긴 하는데, 절대적인 시간이 부족해서 그런지 수정해야 할 게 많이 나오더라고요. 본인은 과로 때문에 번아웃이 오고, 팀장은 두 번 세 번 검수하게 되고…. 이게 참 악순환이네요."

그때 듣고만 있던 팀장 C가 입을 열었다.

"결국 NO를 제대로 못해서 생긴 일이네요. 업무 요청한 동료에게도 안 된다고 못했고, 괜찮냐고 물어보는 팀장에게도 안 괜찮다고 말 못해서요."

'태도 피드백'이 중요한 이유

많은 이들이 나의 경쟁력을 고민한다. 저연차일수록 그 고민은 더욱 치열한 것 같다. 조직이 나를 보호해주지 않는 세상에서 나를 보호할 수 있는 건 나뿐이란 현실에 자신의 경쟁력을 유례없이 깊이 고민한다. 하지만 대개 간과하고 있는 것이 있다. 바로 '태도'다. 역량만 봤을 땐 흠잡을 데 없는 이들이 태도 때문에 손해 보는 것을 꽤 봐왔다. 앞서 언급한 '테이크아웃 커피잔을 든 지각러'도, 방금 이야기한 팀원 A도 실은 그렇다.

그런데 여기서 태도를 간과하고 있는 것은 팀원뿐만이 아니다. 눈에 보이는 성과를 만드는 것이 팀원의 '역량'이다 보니 팀장의 시선도 역량에만 쏠려 있다.

한번 자신의 경험을 떠올려보자. 리더에게 '고쳐야 할 태도'에 대해 피드백받은 경험이 과연 몇 번이나 있는지. 엑셀 좀 배워야겠다고, 기획서 논리가 꼬였다고 타박하는 것보다 백배 껄끄러운 것이 태도에 대한 조언 아닌가. 그래서 '쟤 왜 저래' 싶은 팀원의 그 태도가 많은 리더의 술자리 소재에서 벗어나지 못하는 것은 아닐는지.

그러다 보니 팀원들은 피드백받을 기회를 놓친다. 그리고 태도로 인한 실수는 반복된다. 누군가는 계속 회의를 2분 앞둔 상태에서 아메리카노를 주문할 것이고, 누군가는 (이직을 해서도) 부탁을 거절 못 하고 번아웃에 빠질 거다. 그야말로 악순환이다.

그 악순환을 끊을 수 있는 것이 바로 리더의 용기 있는 피드백이다. 그 태도를 뒤에서 말고, 앞에서 피드백해줘야 한다. 가장 첫 단추는 '그게 어떤 태도의 문제이고, 그로 인해 어떤 문제가 생길 수 있는지'를 공유하는 것인데, 많은 리더의 고민은 이걸 거다.

'그냥 내 눈에만 마뜩잖은 거 아닐까? 괜히 트집 잡는 건 아닐까?'

리더 역시 이게 자신만의 생각인지, 객관적으로 봤을 때도 고쳐야 할 태도인지 판단하기 어려운 것이다.

그래서 준비했다. 먼저 리더들의 마음을 안심시킬 객관적인 지표를 소개한다. 앞서 소개한 8가지 강점과 같이 태니지먼트의 '12가지 태도'다. 강점 발달에 직간접으로 영향을 미치는 기본 소양이자 팀워크에 필요한 태도를 12가지로 분류한 것이다.

<태니지먼트의 12가지 태도>

태도	정의
자신감	자신의 능력에 대한 믿음을 의미한다. 어려운 일을 맡더라도 스스로 충분히 해결할 수 있다고 믿는 태도다.
확신	자기 생각에 대한 믿음이다. 100% 확신할 수 없는 상황이나 선택에도 자신의 결정을 신뢰하고 그 결정이 옳은 결정이 될 수 있도록 최선을 다하는 태도다.
용기	미래의 위험 요소에 주저하지 않고 행동할 수 있는 의지이다. 불확실한 미래에도 위험을 두려워하지 않고 행동하는 태도다.
배움	지식이나 정보를 흡수해 어제보다 나은 내가 되고 싶어 하는 의지를 의미한다. 배우는 과정 자체를 즐기는 태도다.
절제	자신의 욕구를 스스로 통제할 수 있는 것을 의미한다. 하고 싶은 일이 있어도 그것이 현재 자신에게 도움이 되지 않는다면 참고 인내할 수 있는 태도다.
긍정	미래에 일어날 수 있는 좋은 일을 기대하고 삶의 충만함을 느끼는 것을 의미한다.
진정성	자신의 생각과 의도에 대해 진실함을 가지고 행동하는 것이다.
책임	하기로 한 것은 반드시 해내고자 하는 의지이다. 타인과의 약속을 중시하는 태도다.
공정	모든 사람을 동등하게 대하고자 하는 의지와 관계된다. 특혜나 차별 없이 객관적인 시야를 유지하려고 노력하는 태도다.
배려	다른 사람의 입장에서 생각하고 맞춰주며, 상대가 불편함을 느끼지 않도록 돕는 태도다. 나보단 공동의 이익, 타인의 입장을 고려하여 행동하고 의사결정한다.
관용	동의하지 않는 의견이나 행동을 허용하고 받아들이는 관대한 마음을 의미한다. 상대의 실수에 쉽게 화내지 않고 다름을 수용하는 태도다.
겸손	겸손이란 나의 부족함을 겸손하게 받아들이는 것이다. 타인을 자신과 동등하거나 자신보다 높은 위치로 존중하는 태도다.

태도 피드백의 기초

앞서도 말했지만, 아무리 강점이 강력해도 결국 기본은 태도다. 성과도 태도가 만들고 문제도 태도가 만든다. 그래서 팀원의 태도에 대한 리더의 피드백은 중요하다. 자, 이때 요긴하게 바로 활용할 수 있는 2가지 방법을 소개한다.

1. 리더 입장에서 꼬집는 '잘못'이 아니라 팀원 자신에게 안 좋았던 '흑역사'에서 출발한다.
2. 〈12가지 태도 체크리스트〉를 활용해 좀 더 객관적으로 접근한다.

팀원의 흑역사에서 시작하는 피드백

일단 1번에 대한 이야기부터 시작한다. 리더가 본 '잘못된 행동'이 아니라 팀원 자신이 생각하는 '흑역사'에서 출발하자는 데에는 2가지 이유가 있다.

첫째, 팀원이 '공격받는다'고 느끼지 않게 하기 위해서다. 흔히 아픈 피드백을 들으면 자연스럽게 방어기제가 발동되며 '뭐야, 팀장님이 날 얼마나 잘 안다고' 같은 반응을 하기 마련이니까. 다음과 같이 접근해야 한다.

"A, 지난주에 동료를 힐난한 건 큰 문제예요."

→ "A, 혹시 지난주에 좀 곤란하거나 난처했던 상황이 있지 않았어요?"

둘째, 피드백 '이후'의 일 때문이다. 다시는 맞닥뜨리고 싶지 않은 그 흑역사를 반복하지 않겠다는 강력한 동기부여가 그 팀원을 자극할 것이기 때문이다. "동료를 힐난하지 마세요!"라는 리더의 말은 잔소리로 들리지만, '내가 이렇게 변하면 그때의 그 싸늘한 시선은 더 이상 안 받을 수 있다'라는 내면의 소리는 세게 와닿을 테니까.

쉬운 이해를 돕기 위해 예시를 하나 더 준비했다. 반복적으로 지각하는 팀원이 있다고 하자. 그럴 때 다음과 같이 적용해볼 수 있겠다.

• 잘못된 행동으로 접근

"(미간을 찌푸리며) 이번 달만 지각이 몇 번째죠? 여기는 회사란 것을 명심하세요."

• 흑역사로 접근

"요즘 혹시 무슨 일 있나요? 이번 달에 지각이 잦은 것 같아서요. 제가 보기에 ○○은 여러모로 훌륭한 역량을 갖고 있지만 지각이란 프레임이 씌워지면 동료들에게 안 좋은 인상을 줄 수 있을 것 같아서 걱정돼요."

팀원의 잘못에 접근   팀원의 흑역사에 접근

12가지 태도 체크리스트를 활용한다

이제부터 할 이야기는 책상 벽에 붙여놓고 써도 좋을 만큼 활용도가 높은 부분이니 집중!

먼저 다음의 표 〈12가지 태도 체크리스트〉를 보자. 앞서 소개한 태니지먼트의 12가지 태도를 참고해 태도와 흑역사를 쉽게 연결시키도록 체크리스트를 만들었다. 1번에서 흑역사를 떠올렸다면, 이제 2번인 이 체크리스트를 활용할 때다. 방법은 이렇다.

- 팀원들과 옹기종기 모인다.
- 각자 일하며 만들었던 흑역사를 떠올려본다. (불편하다면 굳이 설명을 요구할 필요는 없다.)
- (환경 요인은 배제하고) 체크리스트에서 그 흑역사에 일조한 '나의 태도'를 체크한다. 중복 체크해도 좋다.

이해를 돕기 위해 나의 흑역사를 꺼내보려 한다.

10년 넘게 직장인으로 살면서 가장 돌아가고 싶지 않은 순간을 떠올려봤다.

책의 앞부분에서 등장한 '펭귄' 이야기를 기억하는지. 일단 우리는 참 달랐다. 나는 아이디어를 바로 실행에 옮겨버리는 속도파였고, 펭귄은 철두철미하게 미래를 대비하는 계획파였다. 우리는 '쟤 왜 저래?' 하며 계속 부딪혔고, 어느 날 불만이

<12가지 태도 체크리스트>

부족한 태도	내용	✔
자신감	새로운 프로젝트, 못 해낼 것 같아 손사래부터 쳐서 기회를 놓쳤다.	
확신	이게 맞는 건가 백번쯤 고민하다가 정작 일에 집중하지 못했다.	
용기	돌다리도 두드려보고 건너지 않으려 하다 선택할 타이밍을 놓쳤다.	
배움	배움과는 담을 쌓고 사는 터라 팀과 직무에 필요한 경험과 지식을 준비하지 못했다.	
절제	하고 싶은 말이나 행동은 꼭 해야 되고, 하기 싫은 건 안 하는 스타일이라 조직에서 문제를 일으켰다.	
긍정	'그거 해도 안될걸?'을 입에 달고 사다 보니 쉽게 포기하게 되고 팀 분위기도 해쳤다.	
진정성	상사의 지시나 동료의 부탁에 마음은 NO인데 입이 자꾸 YES라고 말하다 보니 번아웃에 빠졌다.	
책임	일단 던져놓은 일을 수습하는 것엔 별 관심이 없던 터라 성과는 성과대로 안 나고 팀원들의 신뢰도 잃었다.	
공정	이 사람 저 사람 사정 다 봐주다 보니 기준 없이 편애한다는 이야기를 들었다.	
배려	일은 일. 동료의 상황보다 일이 우선이다 보니 동료들의 지지를 잃었다.	
관용	나와 대립하는 동료에게 자꾸 날을 세우다 보니 동료들이 내게 솔직하게 얘기해주지도 않고, 내 성과를 기뻐해주지도 않게 되었다.	
겸손	잘난 건 한껏 내세우는 것이 당연하다고 생각했었는데, 동료들이 나와 함께 일하는 걸 꺼려해서 기회를 잃었다.	

용암처럼 터져버렸다. 시간이 꽤 흘렀고 갈등은 봉합되었지만 그 순간은 나의 흑역사로 남아 있다. 속에 있는 말을 참지 못하고 쏟아내며 동료에게 상처를 줬으니까.

그 흑역사를 떠올리며 나 역시 체크리스트를 훑어내렸다. 가장 눈에 턱 걸린 건 '절제'였다.

- 5번 **절제의 부족**: 하고 싶은 말이나 행동은 꼭 해야 되고, 하기 싫은 건 안 하는 스타일이라 조직에서 문제를 일으켰다.

➜ 내가 모르는 사이 참지 못했다.

흥미롭게도 이 지점은 나의 태니지먼트 태도 그래프에서도 말해주고 있었다.

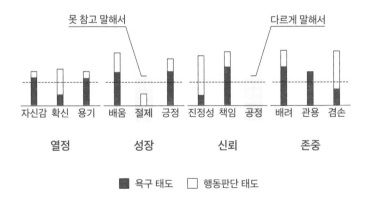

<프절제와 공정이 부족한 나의 태니지먼트 태도 그래프>

돌이켜보니 내가 써온 다른 흑역사의 이유도 해당 태도 때문이란 점이 명확해졌다. 특정 동료의 개인 사정을 봐주다가 납기 일정을 맞추지 못해 중요한 프로젝트를 그르쳤을 땐 '공정' 태도가 부족했다. 하고 싶은 일만 하려는 모습을 보여 동료들의 감정을 상하게 했던 그때도 '절제'가 문제였다.

당신과 당신의 팀원들은 몇 번에 체크했을지 궁금하다. 〈12가지 태도 체크리스트〉는 팀 단위 리뷰 워크숍이나 팀 빌딩 프로그램에서도 유용하게 쓰일 거다. 이왕 자주 써먹을 거 제대로 알고 쓸 수 있게 개념을 더 자세히 들여다보자. 태니지먼트에 따르면 12개의 태도는 크게 4가지로 묶인다.

1. **열정**: 자신감, 확신, 용기
2. **성장**: 배움, 절제, 긍정
3. **신뢰**: 진정성, 책임, 공정
4. **존중**: 배려, 관용, 겸손

4가지 태도 범주는 그동안 당신이 (팀원들에게) 느꼈던 울분과 불만을 중심으로 설명해보겠다. 다음의 사례들을 통해 당신도, 팀원도 태도가 왜 중요한지, 태도에 관한 동기부여를 다시금 되새기게 될 것이다.

1. 열정 태도가 부족한
'만년 후보' 팀원

케미컬 기업의 팀장 교육을 진행한 적이 있었다. 팀장으로서의 고민을 물었더니 가장 많이 나온 키워드가 '열정'이었다.

"요즘 팀원들은요, 뜨거운 열정이 없어요."

"뭐 다룰 줄 아는 툴이나 아는 건 많은데 자세는 영… 뭔가 맡기면 생소하고, 어렵다고 쭈뼛쭈뼛하고. 아니 사실 신입에게 뭐 엄청난 걸 기대하겠어요? '일단 해보겠습니다!'를 원하는 거거든요. 젊다는 건 패기잖아요, 패기."

부족하더라도 팀의 목표 달성을 위해 기여해보고 싶어 하는 열정은 모든 리더의 바람이다. 일단 자신들이 그맘때 No를 말해본 적 없는 세대기도 하니, 요즘 팀원들의 열정이 부족하다고, 이것을 큰 문제로 생각할 수밖에 없을 것 같다.

다만 요즘 팀원들도 할 말은 있다. 이들은 '하고 싶지 않아서' 뒷걸음질 치는 것이 아닐 수도 있다. 소극적인 모습의 이면엔 '잘 해내지 못했을 상황에 대한 두려움'이 짙게 깔려 있을 수도 있다. 그렇다면 다시 문제 해결의 열쇠는 리더에게 돌아온다.

한번은 이런 일이 있었다. 후배 A는 누가 봐도 확연한 '완성' 강점자였다. 이 친구가 맡은 일은 두 번 검수할 필요가 없었다. 꼭 함께 일하고 싶은 후배였다. 마침 새로운 프로젝트를 해야 하는 상황에서 A에게 협업을 제안했다. 하지만 예상외로 그는 한참을 뜸 들이더니 결국 고사했다. 잘 해낼 자신이 없고, 지금 하는 일에 집중하고 싶다고 했다. 그런 패턴이 몇 번 반복되자 어느 순간 그와 함께 일해보고 싶다는 마음이 식었다. 복기해보니 그에게 부족했던 건 실력이 아니라 '그래, 어디 한번 해보자!' 하는 열정 태도였다. 이때 리더가 가장 먼저 만들어야 하는 건 팀원 A의 위기의식이다. 예를 들면 이런 것.

'내 열정 태도가 부족해서 내 역량만큼 기회를 얻고 있지 못할 수도 있겠어. 만년 후보가 되고 싶진 않은데. ㅠㅠ'

말로 설명하기 어렵거든 그 팀원과 함께 다음의 영상을 시청해보자. 2017년 우리를 국민 프로듀서로 만들었던 서바이벌 예능 〈프로듀스 101 시즌 2〉의 한 장면이다.

〈프로듀스 101 시즌 2〉 가희의 명언 "내일은 할 수 있겠어?"

세븐틴의 〈만세〉를 경연하기로 예정된 1조와 2조의 연습 현장이었다. 가희는 이들을 코칭해주기 위해 앞에 앉아 있다. 근데 어째 연습생들의 표정이 불안하다. 아니나 다를까. 2조의 한 연습생이 우물쭈물하며 어렵게 입을 뗀다.

"저… 저희가 아직 보여드릴 준비가 되지 않아서… 보여 드릴 게 없습니다."

눈빛이 순식간에 변한 가희가 조근조근 일침을 가한다.

"너는 지금 나한테 보여줄 게 없다고 이야기하는 거야? 왜 먼저 그런 태도로 나한테 얘기하는 거야? 내일은 할 수 있겠어? 그런 마음으로 내일모레는 할 수 있겠어? 3일 후에는? 1년을 주면 할 수 있겠니? 그런 마음가짐으로 뭘 어떻게 하자는 거야, 지금. 일단 준비한 것까지는 해보자."

댓글 반응이 참 흥미로웠는데 그중 백미는 이거였다. 여기서 '선생님'에 '팀장'을 대입해서 읽어보자.

> 댓글　학교 때 선생님 생각난다. 조별로 뭘 하라고 했었는데 다들 해본 적 없다고 무리라고 했는데 선생님이 "뭘 해보지도 않고 안 된대. 10분 뒤에 다시 올 테니까 뭐라도 해봐" 해서 다 10분 동안 어떻게든 어설프게 준비했는데, 쌤이 "봐라, 10분 동안 너네가 발전한 게 이만큼이야. 고민만으로도 너넨 여기서 발전한 거다" 해서 애들 다 소름 돋고 결국 다음 수업 때 각자 맡아서 발표했음. 그리고 1년 동안 그 과목 점수 거의

다 높았음. 못하는 애들도 참여가 높았었음. 이런 게 진짜 참 선생.

연습생의 태도를 분석해보면 다음과 같다.

- **자신감 태도↓** → 본인들의 기본 실력에 자신이 없었다.
- **확신 태도↓** → 연습한 방향에 대해 확신을 갖지 못했다.
- **용기 태도↓** → 부족한 모습을 보이고 피드백에 직면할 용기가 없었다.

자, 이제 열정이 부족하면 어떤 일이 생기는지 공감대가 형성되었을 터. 그런데 한 가지 짚고 넘어갈 것이 있다. 혹시 이런 생각을 해보지 않았는지?

"요즘 팀원들은 전화를 정말 싫어하는 것 같아요. 그냥 전화로 짧게 말하면 끝날 것을 메일로 구구절절 적어달라고 하니 난감할 때가 종종 있습니다."

팀원들과 함께 보세요
〈프로듀스 101 시즌 2〉 가희의 명언 편

나도 팀원들과 일하며 느꼈던 바. 다양한 답변들을 들을 수 있었다.

답변 1 "그냥 익숙하지 않아서 싫은 거 아닌가요? 다들 한글 뗄 적부터 카톡 했으니까요."

답변 2 "자기 일의 우선순위를 무시하고 상사가 바로 끼어들기 한다고 생각할 수도 있을 것 같아요. 통화는 멀티태스킹이 안 되니까요."

무릎을 쳤던 건 세 번째 답변이었다.

답변 3 "실수할까 봐 걱정되는 것 같은데요. 요즘은 워낙 대학 때부터 프로페셔널하게 팀플레이하니까요. 스펙 쌓는 과정도 그렇고. 그래서 그만큼 '갖춰져 있어야 한다는' '실수하면 안 된다는' '잘 해내고 싶다는' 압박이 예전보다 훨씬 더 강한 게 아닐까요? 근데 전화로 오는 지시는 너무 라이브니까요. 준비할 수도 없고, 자료로 백업할 수도 없어요. 통화가 익숙지 않은 상황에서 마음의 부담은 또 어떻고요. 이런 총체적 난국이 콜포비아Call-Phobia를 만든 게 아닐까 싶습니다."

요즘 팀원들은 열정이 없는 게 아니라 '실수해도 괜찮다는 심리적 안정감'이 없는 건 아닐까? 경력 같은 신입을 원하는 사무실에서 뒷머리 긁적긁적한다고 귀여운 막내 소리 들릴 리 만무하니 말이다.

그런데 요즘 팀원들의 불만 역시 다르게 해석할 수 있지 않을까?

- "왜 제대로 알려주지도 않고 잘 해내길 바라죠?"
→ "잘 모르고 업무했다가 일을 망치면 어쩌죠?"
- "명확한 피드백 좀 해주시면 좋겠네요."
→ "제가 지금 잘하고 있는지 체크해주실 분이 필요해요."

손사래 치는 팀원이 그냥 자신 없다고 빼는 것이 아니라 잘 해내지 못할까 두려워하는 것일지 모른다는 생각은 팀장의 피드백 방향 자체를 바꾼다. 이렇게.

Before   왜 그렇게 자신이 없죠? 일단 한번 부딪혀보세요. OK?
After   잘 모르는 분야라서 결과가 걱정되는군요. + 그런 문제가 생기지 않게 팀에서 멘토를 한 명 붙여줄게요.

사실 이렇게 팀원의 숨겨진 마음을 헤아려 피드백하는 리더도 귀하지만, 더 귀하고 더 드문 존재가 있다. 바로 먼저 나서서 본을 보이는 '거울' 리더다. 아까 연습생에게 일침을 날린 가희처럼.

"내일은 할 수 있겠어?" 이 말이 다시 주목받은 건 얼마 전 가희가 서바이벌 프로그램 〈엄마는 아이돌〉에 출연하면서부터다. 타이틀대로 이젠 엄마가 된 옛 아이돌들이 다시 무대에 오르는 프로그램인데 압권은 단연 가희다. 가희는 '3464일 만에 다시 오르는 무대'라는 자막과 함께 무대에 선다. 그리고 방송용이 아닌 '레알' 감탄과 기립을 이끌어낸다. 그녀의 무대는 훌륭했다. 그런데 태도는 더 훌륭했다.

만약 그녀가 이렇게 운을 뗐으면 어땠을까?

"제가 이제 마흔도 넘었고… 6년 동안 육아만 하느라… 게다가 10년 만의 무대라…."

그녀는 핑계 대지 않고 열정을 불살랐다. 대단한 건 하나 더 있다. 가희의 앞에서 점수판을 들고 있던 심사위원이 다름 아닌 왕년의 동료 심사위원이었던 배윤정이었던 거다.

"그래도 제가 쭉 심사위원 했었는데 다시 심사를 받는다는 건 좀…." 그녀는 이런 핑계로 프로그램을 고사할 수 있었지만 그러지 않았다. 남 탓, 환경 탓 대신 자신이 할 수 있는 최대치의 열정을 보여주며 전국의 '우물쭈뼛'들에게 경종을 울렸다. 그리고 유튜브 댓글에서 수없이 회자되고 있다.

같은 피드백을 해도 '누가' 하느냐에 따라 흡수율은 천차만별이라고 생각한다. 팀원의 열정에 한마디하고 싶거든 일단 스스로 묻자. 나는 우물쭈뼛하지 않나. (줌Zoom이든 노션Notion이든 새로 나온 툴 앞에 한없이 작아지진 않았나!) 열정으로 뭐라 하기에 나 혹시 '똥묻겨묻(똥 묻은 개 겨 묻은 개 나무라다)' 하고 있는 건 아닐까.

팀원에게 "주어진 상황에서 최대의 열정을 보이라"고 말하려거든 본인부터 돌아보자. 자칫 "너나 잘하세요"란 말이 튕겨져 나온다면 안 하느니만 못한 피드백일 테니 말이다.

2. 성장 태도가 부족한
'귀마개' 팀원

팀장끼리 이야기하다 보면 갑자기 하던 말을 멈추고 자기 검열을 하는 이들이 있다.

"아, 이런 말 하면 꼰대인가요? 그렇다면 취소할게요."

그 기저엔 팀장들의 깊은 한숨이 깔려 있다.

"이런 표정 아시나요? '아우, 또 시작이네, 라떼 이즈 홀스' 표정. 제가 리더로서 선배로서 알려주는 건데도 말이죠. 오은영 박사님도 그러셨어요. 외과 의사가 수술 마무리하면서 봉합을 후배에게 맡기는 건 기회를 주는 거래요. 근데 그때 '어유, 지가 하지' 하는 마인드는 의사도 못 고친대요. 아, 이런 이야기 팀원들한테도 해주라고요? 어휴 못하죠. 꼰대라고 할까 봐."

위의 사례는 요즘 팀장들이 팀원들에게 피드백하는 것을 주저하는 이유이자 팀원들이 원하는 만큼 성장하지 못하는 이유이다.

나는 그렇게 생각한다. 100% 정답인 의견도 없지만 반대로 100% 오답도 없다. 하지만 리더나 선배의 피드백 앞에 '뭐래, 어휴 또 훈화 말씀 시작이네' 하는 이의 성장은 요원하다. 거꾸로 배우려 하고, 한 번 더 생각하고, 긍정적인 관점을 가졌을 때 그 팀원의 성장은 고속도로를 탄다고 굳게 믿는다.

요즘 팀원들을 보면 감탄을 밥 먹듯 한다. 실로 열심히 사는 이들이다. 아침에 일어나 '미라클 모닝' 하고, 점심시간엔 헬스장에서 달린다. 저녁엔 트레바리든 어디든 공부하러 다닌다. 성장을 위해 기꺼이 자신의 시간을 투자하는 그들에게 나도 많은 것을 배운다.

하지만 성장을 위해 투자해야 할 것은 비단 시간만은 아니다. 어제보다 좀 더 나아진 나를 만들기 위해 우리는 태도에도 투자해야 한다. 성장에 도움이 되는 태도는 3가지다. 배움, 절제, 긍정. 이번에도 가장 먼저 리더가 만들어줘야 할 건 팀원의 위기의식이다.

성장 태도가 부족한 당신의 팀원은 성장의 키인 피드백에 귀를 닫은 귀마개 팀원이 될 수 있다. 예를 들어 〈프로듀스 101 시즌 2〉의 한 연습생처럼.

〈프로듀스 101 시즌 2〉 이석훈의 명언 "예의 있게 얘기해"

슈퍼주니어의 〈SORRY, SORRY〉 경연을 앞둔 상황. 1조의 보컬을 체크하던 보컬트레이너 이석훈의 표정이 심상치 않다. 연습해온 노래에서 원래 미션에 없던 랩이 들린 것. 왜 랩을 넣었냐는 질문에 연습생 H는 손을 들고 당차게 대답한다.

H	"차별화된 저희만의 뭔가를 보여주고 싶어서 랩을 써봤습니다."
이석훈	(의아해하며) "똑같은 곡으로 1조와 2조가 투표를 받는 거 아니야?"
H	"저는 개인적인 욕심일 수도 있겠지만 가능하다면 (랩을) 하고 싶습니다."

이석훈   "'아, 랩이 있는 곡을 했어야 했는데'라는 불만이 있겠지. 그런데 그거는 너네들이 선택을 못한 거잖아. 다음 기회를 노려보는 게 나는 맞다고 생각해."

문제는 이석훈의 피드백을 들은 연습생 H의 일그러진 표정이었다. 그는 피드백은 무시한 채 상황과 동료 탓을 하기 시작한다.

차분하던 이석훈의 어조가 달라진 건 바로 그 순간이었다. 여기서 그 명대사가 탄생한다.

"예의 있게 얘기해."

댓글이 또 재밌다.

댓글 "내가 이만큼 더 플러스한 게 억울하면 너네도 해, 너네도 하면 되잖아, 라는 그 마인드 자체를 받아주지 않아줘서 고맙다. 요즘 저런 생각으로 틀을 망가뜨리려는 사람들 진짜 많던데."

(결국 이 연습생은 프로그램 방송 중 SNS 논란을 일으키고 하차한다.

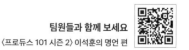

팀원들과 함께 보세요
〈프로듀스 101 시즌 2〉 이석훈의 명언 편

소속사와도 계약이 해지됐다.)

연습생 H의 태도를 분석해보면 다음과 같다.

- **배움 태도↓** ➡ 주위의 의견을 수용하지 않았다.
- **절제 태도↓** ➡ 기준에 어긋나는 걸 알면서도 랩을 넣고 싶은 욕심을
  참지 못했다.
- **긍정 태도↓** ➡ 피드백을 부정적으로만 받아들였다.

극적인 오디션 프로그램에만 등장하는 캐릭터는 아니다. MZ세대는 성장을 중시하지만, 성장에 필수적인 '이것'에는 야박하다. 바로 상사의 피드백 말이다.

오후 9시에 〈퍼블리〉 아티클을 읽고 〈클래스101〉 수업을 듣는 것만큼이나 오전 9시 상사, 팀장의 피드백에서도 팀원은 성장한다. 물론 커뮤니케이션의 방식이 구식일 수도 있고 잘못되었을 수도 있다. 하지만 10년, 20년을 이 바닥에서 일해온 팀장들의 짬밥에서 분명히 배울 점이 있다.

이들의 조언 앞에 꼰대, 라떼라는 귀마개로 달팽이관을 닫아버린 팀원의 성장은 더딜 수밖에 없다. 이런 팀원들을 위해 어떻게든 배우지 않고서는 버틸 수 없는 역량 평가를 할 수도 있겠다. 하지만 이렇게 성장을 강요하는 것보다 더 좋은 방법

이 있다. '물어보는 팀장'이다.

내가 소속된 대학내일엔 사내 스터디 제도가 활성화되어 있다. 한번은 특정 주제로 한 달 가까이 집중 스터디를 진행했다. 사내 강사진 중엔 저연차 구성원도 적지 않았다. 특히 '메타버스' 스터디는 인턴이 선생님을 맡았다. 가장 흥미로웠던 건 출석부였다. 끝나고 통계를 내보니, 가장 많은 출석 도장을 찍은 이는 자회사의 대표님이었다. 그때 알았다.

팀원이 성장하길 원한다면 나부터 애써야 한다는 걸.

3. 신뢰 태도가 부족한
'신뢰불량자' 팀원

금융사 CEO 워크숍을 진행할 때 들었던 이야기다. CEO가 진지하게 질문하셨다.

"강사님, 요즘 직원들은 칼같이 자기 일만 하려 한다는데, 진짜입니까?"

아마도 팀장님들의 이런 푸념이 보고된 모양이다.

"우리 일하다 보면 그런 거 있잖아요. 아, 이거 없으면 현장에서 문제될 수도 있겠는데? 촉이 오는 거. 근데 생각해보면 딱히 내 일은 아닌 거. 그래도 저라면 했을 거거든요. 우리 일이니까. 근데 요즘엔 자기 일 아니면 칼같이 딱 선 그어요. 나중에 물어보면 그건 자기한테 시킨 일 아니지 않냐고 해요. 하… 이래서야 믿고 맡길 일이 있겠냐고요."

자주 접하는 MZ 팀원의 불만 중에 그런 게 있다.

"왜 저한텐 단순 업무나 하찮은 업무만 맡기시죠? 전 좀 더 중요한 일 하고 싶은데요."

이럴 땐 다들 어떻게 피드백하는지 솔직히 궁금하다. 내가 그 팀원과 사이가 가깝다면 솔직히 말해준다. 그만큼 팀에서 신뢰를 얻지 못한 걸 수도 있다고. 사이가 그렇게 끈끈하지 않다면 물어본다. 그동안 팀에서 맡았던 역할이 뭐고, 거기서 어떤 책임감을 갖고 임했냐고. 다음의 사례를 읽어보자.

재무팀 A는 사무실 이전을 준비하고 있다. 오늘은 인테리어 업체에서 견적을 받고 미팅하는 날. 업체 대표는 쾌활하고 언변도 유려하다. 우연히 같은 학교 출신이라는 것을 알고선 내적 친밀감도 생겼다. 하지만 견적은 뭔가 미심쩍다. 분명 저렴한 것 같긴 한데 확보 가능한 기자재 수량이 정확히 적혀 있지 않고, 이에 대한 설명도 얼버무리는 것 같다. 하지만 면전에서 대놓고 의심하기도 뭣해서 유야무야 넘어갔다. 다른 업체에 컨택해서 다른 견적을 받아보자는 후배 B의 의견도 불편하다. '그래도 이렇게 견적도 받고 기자재까지 확보하셨다는데 어떻게 그래. 시간도 없고…' 하지만 결국 문제가 생겼다. 결국 필요한 기자재를 확보하지 못해 공사 기한이 훨씬 길어진 것. 난감해진 A는 잘못을 B에게 돌린다. "그때 의심이 됐으면 좀 더 강하게 주장을 해주지 그랬어…."

팀원 A의 태도를 분석해보면 다음과 같다.

- **진정성↓** → 거절을 못 하다 보니 스스로 동의하지 않는 일을 의욕 없이 진행하고 있다.
- 공정↓ → 한쪽으로 치우친 의사결정을 하고 있다.
- **책임↓** → 다른 사람에게 자신의 일을 떠넘기고 책임을 회피하고 있다.

자, 이제 어떤 태도가 상대의 신뢰를 이끌어내는지 알려줬다면 이제 팀원에게 위기의식을 불어넣을 차례다. 이번에 추천할 영상은 드라마 〈슬기로운 의사생활 시즌 2〉이다. 선배 의사와 후배 의사가 등장하는데, 이들이 어떻게 보이는지를 이야기해보자. (신뢰 태도 중 특히 '책임' 태도를 갖지 않은 이들이 어떻게 보이

느지를 느낄 수 있을 것이다.)

〈슬기로운 의사생활 시즌 2〉 선배 의사의 "야, 오버하지 마"

이곳은 병원. 후배 의사가 선배 의사에게 달려와 조금 전에 수술한 환자에 대해 설명하며, 환자의 상태를 걱정한다. '바이옵시늘'이 조금 깊게 들어간 것처럼 보였다는 후배의 말에 선배는 심드렁하게 "니들이 그걸 찌를 확률이 얼마나 된다고, 오버하지 마"라고 말하곤 당직실로 자러 들어간다. 환자의 상태가 나아지지 않아 걱정하던 후배는 환자 CT를 한번 찍어보면 안 될지, 교수님을 호출할지 하며 선배를 재촉하다가 심드렁한 선배의 태도에 폭발한다. "시간 없다고요. 환자 잘못되면 선생님이 책임지실 거예요?" 결국 교수에게 상황이 보고된다. 그가 상황을 묻자 선배 의사는 계속 지켜보고 있었다며 무책임한 자신의 행동을 덮으려 한다.

댓글의 반응은 대체로 이랬다.

"어휴, 저런 의사에게 내 몸을 맡기고 싶지 않다, 정말…."

팀원들과 함께 보세요
〈슬기로운 의사생활 시즌 2〉 선배 의사 편

아마 당신과 함께 이 영상을 본 팀원의 반응도 크게 다르진 않을 터. 그게 이 영상을 함께 본 목표다. 환자의 회복이라는 목표에 책임감을 갖지 않은 저 의사에겐 신뢰불량자라는 꼬리표가 붙는다. 그리고 더 중요한 일이 맡겨지지 않는다. 사실 어디서든 그렇다. 본인의 책임을 다 해내고서야 더 중요한 일, 해보고 싶은 일을 할 기회가 주어진다는 메시지. 일명 '선 신뢰 후 자율' 원칙 말이다.

4. 존중 태도가 부족한 '썩은 사과' 팀원

강연을 나가다 보면 이런 말을 곧잘 듣는다.

"요즘 팀원들은요, 자긴 존중받길 원하면서 남 존중하는 건 서툴 때가 많아요."

더도 말고 덜도 말고 드라마 〈미생〉 속 한 장면이 딱 그 상황을 담아냈다. 바로 장백기 사건.

〈미생〉 장백기의 명언 "저 이러려고 이 회사 들어온 거 아닙니다"

장백기는 선배가 시킨 기본적인 업무가 불만이다. 이런 잡일하려고 들어온 거 아니라고, 사업을 만들어보려 입사했다고 말하며 들고 있던 업무 파일을 던지듯 내려놓는다. 뒷자리에 앉아 있는 계약직 사원 앞에.

군이 태도를 분석하지 않아도 다 알 거라 생각한다. 댓글에서는 많은 이들이 존중의 태도 중 어떤 것도 갖추지 못한 장백기를 향해 비난을 쏟아냈다. (그치만 나는 이렇게 느낀다. 댓글 역시 장백기를 존중하는 태도는 보이지 않았다고.)

좋지 않은 태도에 대한 피드백은 참 쉽지 않다. 사실 제일 꺼내기 어려운 게 바로 이 '존중'에 대한 태도다. 지금은 내가 존중받지 못했을 때 목소리를 내는 것이 당연한 사회다. 하지만 거꾸로 '나는 얼마나 상대를 존중하고 있는가'를 고민하는 시간은 그리 길지 않아 보인다. (사실 나도 그렇다. 이 원고를 쓸 때 나의 주말 휴식을 지키려 편집자님에게 금요일 밤에 메일을 보내곤 했으니까.)

팀원들과 함께 보세요
〈미생〉 장백기 편

개인적 견해이지만, 팀 운영에 가장 필요한 태도는 존중이다. 배려와 겸손, 관용으로 만들어지는 존중 말이다. 이렇게 생각하는 분도 있을 것 같다.

'워낙 서로 선 넘지 않게 조심하는 요즘 세대이니 그만큼 서로를 존중하고 있지 않을까요?'

이 이야기를 하기 위해 잠시 직장인 해우소 앱 〈블라인드〉에 들어가 딱 3분만 스크롤을 내려보자. 이런 글들을 쉽게 만날 수 있다.

'오늘 팀장 찌른다. 무능력하고 나태하고 성질 더러운 팀장 오늘 찌른다.'

'나이 많은 무능 팀장 짤라줬음 좋겠다.'

그중엔 이런 글도 있었다.

'같은 팀에서 일하던 애가 육아휴직을 갔다. 진짜 욕 나온다. 대체자로 신입 뽑았는데 진짜 개구려. 나라면 30분이면 끝낼 일을 하루 종일 붙들고 있네? 와 저러고도 돈 받아 처먹는 거잖아. 미치겠네? 휴직 간 애는 집에서 놀면서 돈 받을 거 아냐. 아 XX.'

이들의 태도를 분석해보면 다음과 같다.

- 배려↓ → 동료의 상황은 내 알 바 아니라고 생각했다.
- 관용↓ → 동료의 실수에 쉽게 화내고 숙련도가 다르단 걸 고려하지 않는다.
- 겸손↓ → 동료를 얕잡아 봤다.

물론 포털 사이트의 뉴스 댓글도 블라인드의 게시글들도 '모두'의 목소리는 아니다. 타인을 폄훼하고 상처주는 글을 쓰는 이들은 일부다. 하지만 이런 이들은 분명 존재하고, 소속 팀에 지대한 영향을 끼치는 중이다. 존중하지 않는 이들은 순식간에 동료들의 사기를 저하시키고, 심지어 그 태도는 동료에게 전염되기 때문이다. 상자 안의 모든 사과를 썩게 만드는 한 알의 썩은 사과처럼.

예를 들어보자. 윗글의 작성자가 실제 사무실에서도 (물론 저 정도의 뉘앙스는 아니겠지만) 대체 근무자와 복직을 마치고 돌아온 동료들에게 저런 태도로 대했다고 치자. 존중받지 못한 이들의 사기는 급격히 저하된다. 그리고 자신도 다른 동료들을 존중하지 않기 시작한다. 실컷 존중만 하고 정작 존중받지 못하면 나만 손해라는 공기가 팀에 깔린다. 이만큼 무서운 게 또 있을까.

존중 태도가 부족한 팀원들에게 필요한 건 다음과 같은 위기의식이다.

일단 리더에게도 악재지만 당사자에게는 그야말로 재앙이다. 그가 아무리 타의 추종을 불허하는 실력을 갖추고 있다 한들 '같이 일하고 싶진 않은 동료'가 되는 순간 그의 경쟁력은 수직 하강할 수밖에 없다. 하다못해 승진을 할 때도 동료 평가가 반영되는 세상 아닌가.

그리고 그 위기의식을 만드는 가장 빠른 방법은 리더의 단호한 피드백이다. 이를테면 윗글처럼 누군가 육아휴직 간 동료 탓을 하며 선을 넘는 험담을 늘어놓았을 때, 리더는 어떻게 말해야 할까? '일이 힘든가 보구나' 하고 들어주는 것만이 능사는 아닐 것 같다.

"육아휴직은 법적으로 보장된 제도입니다. 이로 인해 문제가 생긴다면 그건 조직의 구조적 문제이거나 팀장인 제가 업무 분배를 잘못한 겁니다. 이와는 별개로 그렇게 동료를 존중하지 않는 태도는 부메랑이 되어 돌아올 테니 삼가기 바랍니다."

아, 이 피드백이 통하려면 전제가 하나 필요하다. 우리 리더는 팀원들을 존중하고 있고, 그래서 그런 말을 할 자격이 있다는 믿음 말이다.

자, 이렇게 열정과 성장, 신뢰, 존중이라는 태도의 커다란 카테고리를 이야기해봤다. 지금부턴 앞서 예고했던 대로 'So what?'을 이야기할 차례다. 객관적인 태도의 범주를 알았으니, 이제 팀원들의 부족한 그 태도를 끌어올리기 위해 리더가 해볼 수 있는 실전 방법들을 들여다보자.

리더부터 깐다,
흑역사 만든 태도를

이렇게 흑역사를 끄집어냈고, 그 이유가 뭔지 체크해봤다. 이제 이걸 '함께' 이야기해봐야 한다. 단, 조심해야 할 게 있다.

"자, 지금부터 자신의 흑역사와 그 태도의 부족을… 가만있어보자, 김사원부터 시계 방향으로 돌아가면서 말해봅시다."

라고 말해선 절대 안 된다.

흑역사는 생각보다 꺼내기 어려운 이야기다. 자신의 부족함을 드러내야 하고, 동료에 대한 불만까지 노출될 수 있다. 이럴 때 시작점은 리더인 당신이어야 한다. 그 증거는 영화에도 자주 등장하는 미국 해군의 엘리트 특수부대 네이비실의 전통, AAR After Action Review에서 찾아볼 수 있다. 말 그대로 모든 작전 후에 따라붙는 리뷰 회의다.

대니얼 코일은 《최고의 팀은 무엇이 다른가》에서 이 회의를 언급한다. 이라크전에서 불행히도 아군 간 교전 사건이 있었고 그날도 어김없이 AAR이 열렸다. 회의가 열리자 먼저 사격한 병사는 오인사격을 한 자신의 잘못이라고 말한다. 통신병은 우리 위치를 빨리 알리지 못한 자신의 잘못이라고 말하고, 동행한 대원은 제한구역으로 들어가는 것을 막지 못한 자신의 잘못이라고 말한다. 그리고 이를 듣고 있던 작전 책임자가 결론을 내린다. 자신을 제외한 누구의 잘못도 아니라고, 상관으로서 전투 중 벌어지는 모든 사건에 자신의 책임이 있다고 말이다.

잠깐 나의 상황이라고 가정해보자. 맡은 프로젝트에서 큰 문제가 발생했다. 실무자의 실수가 보였다. 그 상황에서 당신은 쉽게 '제 잘못입니다'라고 말할 수 있을까? '모든 책임을 내가 지게 되진 않을까?' '솔직히 내 실수도 아니잖아.' '내가 고개 숙이면 팀원들이 나를 더 이상 신뢰하지 않을 것 같아…' 이런 생각이 들지 않을까?

대니얼 코일은 그런 의심을 거두라고 말한다. 결국 스스로 책임을 인정한 네이비실의 책임자에게 돌아간 건 부하들의 비난이 아닌 '경의'였다는 말을 전하며 말이다.

좀 더 가까이 사무실로 배경을 옮겨보자.

오늘 오전, 팀에서 줌으로 대규모 회의를 주최하고 있었다.

하지만 그 회의는 20분 이상 딜레이됐다. 줌 무료 계정 제한 시간에 대해 제대로 숙지하지 못했기 때문이다. 가까스로 회의를 마무리한 후 리뷰 회의가 열렸다. 보통 이런 그림이 그려진다.

팀장　　　"공용 계정 누가 체크했죠?"

팀원 A　　"공용 계정으로 로그인하긴 했는데 유료 기한이 만료되었더라고요. 공용 계정 관리는 제가 아니라…."

팀장　　　"공용 계정 관리하는 거 누구죠??"

팀원 B　　"전데요, 전 이 프로젝트 메인이 아니라서…."

상처만 남는 풍경이다. 그런데 만약 누군가 자신의 실수를 먼저 오픈한다면, 그게 리더라면 어떻게 될까?

팀장　　　"우선 팀장으로서 문제 상황에 대비하지 못한 점, 사과합니다. 이런 일이 반복되지 않게 개선점을 찾아보죠."

팀원 A　　"오늘 회의는 제가 예약했는데요. 유료 기한을 체크했어야 했는데 놓쳤습니다."

팀원 B　　"팀 공용 계정 관리하는 건 제 일인데 제가 소홀했습니다. 지금 바로 유료 구매하겠습니다."

팀장　　 "이 모든 걸 시뮬레이션해봤어야 했는데 제가 놓쳤어요. 다음부턴 꼭 리허설을 하는 걸로 하죠!"

전혀 다른 패턴으로 대화가 전개된다. 그리고 그 변화의 시작은 맨 처음 리더의 한마디가 만들었다. 잘못한 사람을 취조하는 게 아니라 '내가 부족했다'라고 말한 것. 이게 바로 요즘 핫한 키워드 '취약성의 오픈'이다. 리더가 자신의 취약성을 오픈했을 때, 비로소 그곳에선 '내가 부족하다고 말해도 안전한' 분위기가 형성된다. 그리고 자신의 취약성을 입 밖으로 꺼내고 개선해야 할 일들을 이야기할 수 있다.

이 이야기들은 무척 중요한 것을 시사한다. 팀장이, 리더가 자신의 부족한 점을 용기 있게 오픈했을 때 비로소 그 팀에는 '심리적 안정성'이 만들어진다는 것이다.

'아, 여기서는 내 부족한 점을 털어놔도 되는구나.'
'아, 여기서는 잘못을 인정했다고 추궁받고 뒤집어쓰지 않는구나.'
'아, 여기서는 내가 좀 부족해도 동료들과 등을 맞대고 해결할 수 있겠구나.'
'아, 여기서 잘못은 추궁하기 위한 게 아니라 문제를 개선하기 위해 묻는 거구나.'

그래서 흑역사도, 그때 부족했던 태도도 팀장인 당신부터 말하기 시작해야 한다. '나는 이런 상황이 반복될까 봐 걱정되는데, 복기해보니 그때 나는 이런 태도가 부족했다'고 말이다. 영 어색하다면 다음의 괄호를 채운 다음 말해봐도 좋다.

"저는 _____ 흑역사 _____ 일이 있었는데요.
저에게서 그 이유를 찾아보니 이유가 된 태도 1 와 이유가 된 태도 2 가 부족했더라고요. 그래서 이 태도를 좀 보완해보려 합니다."

같은 목표라도 입 밖으로 내느냐, 속으로 혼자만 삼키느냐에 따라 목표 달성률은 확연하게 달라진다. 특히 리더 역시 팀원들 보기 민망해서라도 노력하게 될 거다. 입 밖으로 꺼낸 것만으로 반 넘게 성공. 당신의 용기로 인해 팀원들도 줄줄이 흑역사와 부족한 태도를 고백할 테니 나머지 반도 무조건 성공이다.

성과만큼 태도에도
물개 박수 친다

리더의 피드백은 '스트라이크존'과 닮았다는 생각을 자주 한다. 야구에선 스트라이크존 안으로 던지면 스트라이크고, 그 밖은 볼이다. 심판은 투수가 뿌리는 공마다 "스트~라이크!"나 "보~올!"을 외친다. 회사에선 팀장이 심판이다.

- 팀장은 팀원의 A 행동에 한숨을 쉰다. 볼
- 팀장은 팀원의 B 기획서에 표정이 굳는다. 볼
- 팀장은 팀원의 C 발언에 엄지를 들어 올린다. 스트라이크

전체 조직의 규범이 있고 평가 제도가 있다. 하지만 그 팀의 스트라이크존은 보통 가장 일상적으로 판정, 즉 피드백을 하는

리더가 정한다고 생각한다. 그런데 만약 리더의 피드백 범위가 '성과'에 국한되면 어떤 일이 생길까?

- 지난달 회의에 지각을 여덟 번이나 했지만 월간 매출이 1위니까 굿 잡! → 이 팀에선 회의 시간 안 지켜도 성과만 내면 되는군.

- 동료에게 모욕적 발언을 했지만 획기적인 아이디어 냈으니 굿 잡! → 이 팀에선 예의 없게 굴어도 성과만 내면 되는군.

- 정해진 마감 기한을 연거푸 어겼지만 신규 고객 유치했으니 굿 잡! → 이 팀에선 동료와의 시간 약속은 안 지켜도 성과만 내면 되는군.

문득 재밌는 에피소드가 하나 떠올랐다. 아마존에서 10년 넘게 일했던 한국인 개발자 박정준이 쓴 책《나는 아마존에서 미래를 다녔다》에는 아마존의 기업문화를 체감하게 된 사례가 나온다.

그는 입사한 지 얼마 되지 않아 중요한 서비스 론칭 회의에 참석했다. 어떤 매니저가 이때까지 개발을 마칠 수 있겠냐고 물었는데 그 일정은 무리였다. 그래서 망설이다가 안 된다고 했고, 그 서비스의 론칭 일정은 연기됐다. 자리로 돌아온 그는 그 순간을 계속 복기하며 후회했다. '그냥 된다고 하고 어떻게든 해볼 걸 그랬나.' 그때 그의 매니저가 다가와 그에게 이렇게 이야기했다고 한다.

"너는 아마존에서 일하는 열세 번째 원칙 '강골기질: 반대하되 헌신하라Have Backbone: Disagree and Commit'대로 행동한 거야. 잘했어."

이 사례의 메시지는 간단하다. 팀원이 A처럼 행동하길 바란다면 A와 비슷하게 행동했을 때 박수를 치는 거다. 우리 조직, 우리 팀에선 A가 박수받는다는 것을 반복적으로 보여주는 거다.

보통 조직에선 성과에 박수 친다. 이번 분기 KPI를 초과 달성한 이에게, 몇 명의 고객을 더 확보한 이에게 박수는 돌아간다. 그래서 누구나 그 숫자를 위해 달려간다.

하지만 온 국민의 멘토 오은영 박사님도 이야기하지 않았나. 아이의 행동을 바꾸고 싶으면 결과가 아니라 과정을 이야기하라고. 그게 바로 태도에 대한 박수라고 생각한다.

이렇게 훌륭한 태도에 박수를 쳐주었다면, 이제 이 책의 클라이맥스, 리더와 팀원 모두의 아쉬운 태도를 꼬집을 차례다.

태도별 맞춤
솔루션을 제시한다

STEP 1~4까지 모두 클리어했다면 드디어 본론인 STEP 5. 태도별 맞춤 솔루션을 소개하려 한다. 리더인 당신, 그리고 팀원들에게 부족한 태도를 채울 차례. 가장 쉽게 떠오르는 방법은 이걸 거다.

"저는 _____ 태도가 좀 부족한 것 같아요. 열심히 노력해보겠습니다."

아니다. 이런 걸로 우린 달라질 수 없다. 지금부터는 좀 자극적인(?) 2가지 방법을 사용해보자.

닮고 싶은 사람 vs 꺼려지는 사람

첫 번째 방법은 '내가 닮고 싶은 / 꺼려지는 사람과의 비교'다.

우선 팀원들과 둘러앉아 각자 두 사람씩 꼽아보게 하자. 같은 조직에서 일하는 사람이면 가장 좋고, 아니라도 상관없다. 그리고 각각의 〈가상 태도 그래프〉를 그려보게 하자. 색을 달리해 그래프를 그리면 두 사람의 차이가 확연히 드러날 것이다. 그래프를 그리기 위해서는 먼저 다음 페이지의 〈가상 태도 척도표〉 2가지를 작성해야 한다.

▶ 내가 닮고 싶은 사람: _____

▶ 내가 꺼려지는 사람: _____

자신감	확신	용기	배움	절제	긍정
진정성	책임	공정	배려	관용	겸손

<가상 태도 그래프>

<가상 태도 척도표>

		내가 닮고 싶은 사람	매우 그렇다	다소 그렇다	보통 이다	다소 그렇지 않다	전혀 그렇지 않다
열정	자신감	그는 어려운 일을 맡더라도 스스로 충분히 해결할 수 있단 것을 믿는다.					
	확신	그는 100% 확신할 수 없는 상황이나 선택에도 자신의 결정을 신뢰하고 그 결정이 옳은 결정이 될 수 있도록 최선을 다한다.					
	용기	그는 불확실한 미래에도 위험을 두려워하지 않고 행동한다.					
성장	배움	그는 배우는 과정 자체를 즐긴다.					
	절제	그는 하고 싶은 일이 있어도 그것이 현재 자신에게 도움이 되지 않는다면 인내한다.					
	긍정	그는 미래에 일어날 수 있는 좋은 일을 기대하고 삶의 충만함을 느낀다.					
신뢰	진정성	그는 자신의 생각과 의도에 대해 진실함을 가지고 행동한다.					
	책임	그는 타인과의 약속을 중시하고 하기로 한 것은 반드시 해낸다.					
	공정	그는 모든 사람들을 동등하게 대하며 특혜나 차별 없이 객관적인 시야를 유지하려고 노력한다.					
존중	배려	그는 자신보단 공동의 이익, 타인의 입장을 고려하여 행동하고 의사결정한다.					
	관용	그는 동의하지 않는 의견이나 행동을 받아들이며 상대의 실수에 쉽게 화내지 않고 다름을 수용한다.					
	겸손	그는 자신의 부족함을 겸손하게 받아들이며 타인을 자신과 동등하거나 자신보다 높은 위치로 존중한다.					

※ 머릿속에 떠오르는 그 사람의 태도를 떠올리며 체크하세요.

<가상 태도 척도표>

		내가 꺼려지는 사람	매우 그렇다	다소 그렇다	보통 이다	다소 그렇지 않다	전혀 그렇지 않다
열정	자신감	그는 어려운 일을 맡더라도 스스로 충분히 해결할 수 있단 것을 믿는다.					
	확신	그는 100% 확신할 수 없는 상황이나 선택에도 자신의 결정을 신뢰하고 그 결정이 옳은 결정이 될 수 있도록 최선을 다한다.					
	용기	그는 불확실한 미래에도 위험을 두려워하지 않고 행동한다.					
성장	배움	그는 배우는 과정 자체를 즐긴다.					
	절제	그는 하고 싶은 일이 있어도 그것이 현재 자신에게 도움이 되지 않는다면 인내한다.					
	긍정	그는 미래에 일어날 수 있는 좋은 일을 기대하고 삶의 충만함을 느낀다.					
신뢰	진정성	그는 자신의 생각과 의도에 대해 진실함을 가지고 행동한다.					
	책임	그는 타인과의 약속을 중시하고 하기로 한 것은 반드시 해낸다.					
	공정	그는 모든 사람들을 동등하게 대하며 특혜나 차별 없이 객관적인 시야를 유지하려고 노력한다.					
존중	배려	그는 자신보단 공동의 이익, 타인의 입장을 고려하여 행동하고 의사결정한다.					
	관용	그는 동의하지 않는 의견이나 행동을 받아들이며 상대의 실수에 쉽게 화내지 않고 다름을 수용한다.					
	겸손	그는 자신의 부족함을 겸손하게 받아들이며 타인을 자신과 동등하거나 자신보다 높은 위치로 존중한다.					

※ 머릿속에 떠오르는 그 사람의 태도를 떠올리며 체크하세요.

두 사람의 태도 중 가장 확연하게 차이 나는 태도는 무엇인가? 〈가상 태도 척도표〉에 체크한 후 〈가상 태도 그래프〉를 그려보면 각자 '왜 그 사람을 닮고 싶어 했는지' '왜 그 사람이 꺼려졌는지'가 좀 더 명확해진다.

나는 〈미생〉의 장그래가 있는 팀의 수장 오상식 과장과 장백기 사원의 태도를 내 기준으로 체크해봤다. 재밌는 결과가 나왔다. 내가 닮고 싶은 오과장의 태도는 장백기보다 출중하지 않았다. 오히려 '자신감'과 '공정'에선 장백기가 더 높았다(장백기는 자신만만했고, 모든 이에게 같은 기준을 적용해서 냉정하게 판단했으니까). 상사를 치고받고 좌천되었으니 오과장의 '절제'도 높다고 할 순 없었다. 하지만 결정적 차이는 '존중'에서 나왔다.

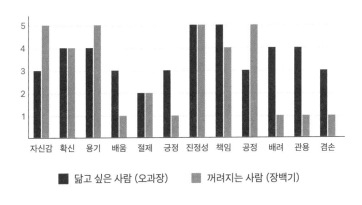

<오과장과 장백기의 태도 그래프>

'배려, 관용, 겸손'에서 모두 오과장의 태도가 월등히 높았다. 이게 바로 내가 지향하는 태도라고 해석할 수 있을 것 같다. 내가 가장 닮고 싶어 하는 사람에게 있고, 꺼려지는 사람에게는 없는 바로 그 태도 말이다.

이제 각자의 '그 지점'을 이야기해보자.

각자 갖고 싶은 태도를 말하기

"저는 열정 지점이요. 뭔가 거침없이 도전하는 분들이 그렇게 부럽더라고요. 현실에 안주하고 불평만 하는 분들이 좀 꺼려졌어요."

"저는 성장 지점이요. 전 열심히 배우는 사람들이 너무 멋져 보였어요. 피드백에도 귀 닫고 자기 세상에만 갇혀 사는 분들이 좀 불편했고요."

"저는 신뢰 지점이요. 맡은 바 일을 120%로 수행하는 분들이 정말 너무 존경스러워요. 차일피일 미루면서 핑계 대고 일의 성과는 생각 안 하는 그런 사람은 되고 싶지 않아요."

"저는 존중 지점이요. 상대를 존중하는 사람을 보면 정말 일단 마음이 동해요. 반대로 가시 돋친 말로 남의 맘에 스크래치 내는 사람 보면 난 절대 저렇게 되지 말아야지 생각하게 돼요."

각자의 '그 지점'은 다를 터. 이야기 나누다 보면 내가 중요하게 생각하거나, 갖고 싶어 하는 태도가 보일 것이다. 태도 업그레이드에 대한 의지가 활활 타오를 텐데, 이렇게 셀프 동기부여를 마쳤다면 두 번째 방법으로 '4가지 태도별 맞춤형 솔루션'을 적용해볼 차례다.

4가지 태도별 맞춤형 솔루션

1. 열정 태도가 필요한 팀원

자신감, 확신, 용기 태도가 필요한 팀원과 일하고 있다면 주목하자. 많은 경우 열정 충전의 효율이 가장 높은 건 '타인의 말'이다. 한마디로 인간 충전기다. 나도 리더들이 이런 말을 해주었을 때 열정이 샘솟았던 것 같다.

"너라면 할 수 있을 것 같은데?"

며칠 전엔 인스타에서 이런 짤도 봤다. 의기소침해 있던 팀원에게 팀장이 준 포스트잇 메모라고 했다. 거기엔 그렇게 적혀 있었다. '씨X, 까짓것 망하면 어때. 일단 고!' 그 열정이 내게도 생겨 얼른 저장했다. 맞다. 열정이 안 생길 땐 마른 장작에 기름 부어줄 불씨 같은 존재가 필요하다. 열정 태도가 부족한 팀원에게 나는 이런 조언을 해줄 것 같다.

"일단 너의 불씨가 되어줄 수 있는 사람을 찾자. (그게 나라면 좋겠다···.)"
"그리고 그와의 접점을 의도적으로 만들자. (일주일에 한 번씩 '커피챗' 어때?)"

그런데 태도별로 필요한 불씨, 즉 필요한 충전기가 다를 수 있다. 그 충전기를 강점별로 분류해보면 다음과 같다.

• '난 못할 것 같아'
자신감 태도 부족 ➡ 정서적 지지자가 필요하다. (동기부여 강점 팀원을 붙여주자)

• '이 선택이 맞을까?'
확신 태도 부족 ➡ 지극히 객관적인 피드백이 필요하다. (평가 강점 팀원을 붙여주자)

• '망할 것 같은데···'
용기 태도 부족 ➡ '괜찮아'를 외쳐줄 긍정 파워가 필요하다. (추진 강점 팀원을 붙여주자)

이런 인간 충전기 역할은 평소 잘 알던 선배나 오래 함께 일한 팀원이 해줄 수도 있지만, 아예 잘 모르는 사람이 더 나을 때도 있다. 내향형 독자를 위해 사내 프로그램을 적극 활용하는 것도 추천한다. 회사에서 진행하는 워크숍이나 일대일 런치 타임에 부지런히 참석해보자. 예상치 못한 키다리를 만날 수 있는 찬스다.

부서 간 협업도 좋은 기회다. 짧은 미팅과 발표에서 좋은 인상을 받은 옆 팀 누군가가 있다면 좀 더 팔을 걷어붙이고 접점을 늘리는 것도 방법이다. 커뮤니케이션 채널을 자처한다든지, 미팅을 어레인지한다든지.

같은 상황에서 도움받을 다른 팀 선배를 한 명 추천해주었더니 팀원이 내게 이런 걱정을 내비쳤다.

"혹시 부담스러워하시지 않을까요?"

아니라고 말해줬다. 타인이 자신에게 도움과 조언을 청했을 때 인간은 보람과 공헌감을 느낀다. 내가 좋은 모습으로 비쳤고, 긍정적인 영향력을 끼칠 수 있다는 사실만으로 충분히 도움 청한 이에게 시간과 에너지를 투자할 만한 동기를 갖게 된다. 고로, 혹시라도 그 연락을 망설일 필요 없다. (그 연락을 부담스러워한다면 아마 평소에 당신에게 불씨의 ㅂ도 붙여주지 못했을 것이다. 중요한 건 좋은 불씨를 찾는 일!)

2. 성장 태도가 필요한 팀원

배움, 절제, 긍정 태도가 필요한 팀원에게 '사각코너'를 만들어볼 것을 조언할 수 있다. 울며 겨자를 먹든 뭘 먹든 '할 수밖에 없는 상황'을 만들어 그를 하드캐리하게 하는 것. 태도별로 사각코너는 조금씩 다를 터. 태도별 조언은 다음과 같이 할 수 있다.

배움 태도 부족 → "배우는 자리를 만들고 주기적으로 참석해봐"

그 자리에서 역할까지 맡으면 절대 빠져나올 수 없다. 예를 들어 트레바리 모임장을 한다든지, 인사이터 오퍼레이터를 하든지. 회사에서 지원해주는 교육비를 십분 활용하는 것도 좋다. 일단 개인 돈을 아끼는 효과도 있지만, 회삿돈으로 등록했다는 압박감이 그를 조금이라도 더 배우게 할 것이다.

절제 태도 부족 → "'팩트 폭격' 전문가에게 너의 최대 목표를 하나 공유해봐" 예를 들어 올해 목표 중 하나가 '데이터 분석 관련 자격증을 따는 것'이라면 이를 팀에서 가장 냉철한 동료에게 공유하는 것이다. "자격증 공부를 하려고 하면 밥 약속 생기고, 넷플릭스에서 무슨 시리즈 나오고 그래서 좀처럼 시작을 못 하고 있어. 내가 자꾸 딴 길로 새면 매서운 말 좀 해줘."

긍정 태도 부족 → "일단 엑셀을 켜고 너의 성취를 쪼개봐" 작년에 이룬 성취 3가지를 행별로 a, 자신이 잘한 점 b, 동료에게 도움받은 점 c로 설정하고 적어보게 하는 것.

적어보면 보인다. 안 될 거라 생각했던 일을 '스스로'가 생각보다 잘 해냈을 수도, 예상보다 동료의 기여가 컸을 수도 있다. 운이 따라준 경우도 적지 않을 것이다. 이렇게 팀원이 긍정적인 관점을 가질 수 있게 성취를 쪼개보게 하는 것도 좋은 방법. '밑미'와 같은 리추얼 프로그램에 참여하도록 하는 것 역시 도움이 될 수 있다.

3. 신뢰 태도가 필요한 팀원

진정성, 책임, 공정 태도에 과락이 있는 팀원이 있다면 주목! 신뢰의 치트키는 '엔드 픽처End Picture'다. 자신이 마지막 순간에 이루고자 하는 그림이 명확하면 이를 이뤄내기 위해 좀 더 진정성을 갖게 되고, 공정하게 상황을 판단하게 된다. 보다 큰 책임감도 느끼게 되는 것 역시 당연하다. 왜? 간절히 이루고자 하는 순간이 명확하니까.

이와 관련된 재밌는 일화가 있다. 고졸 영업사원 출신으로 '맥주왕'의 신화를 일군 분의 스토리다.

1999년에 소주 품귀 현상이 빚어졌다. 대다수의 생각은 이랬다. '평소 우리와 관계가 좋았던 영업장에 좀 더 많이 주죠!' 하지만 (미래의) 맥주왕의 생각은 달랐다.

"이런 때일수록 오히려 칼같이 공정한 배분을 해야 미래를 기약할 수 있습니다. 주세 인상 대란이 지나고 나면 다시 소주 재고가 쌓이기 시작할 겁니다. 저희가 그동안 소원했던 도매사들과 지금 관계를 터서 유통 채널을 다양하게 해놓지 않으면 물량이 다시 쌓일 때 아마도 그 물량을 다시 사장님께 떠안아달라고 부탁해야 할 겁니다. 번번이 그래야 한다면 어려움이 계속 반복되지 않겠습니까?"

한마디로 그는 좀 더 멀리 엔드 픽처를 본 것. 그의 '공정' 태도가 결국 신뢰를 쌓았고, 그는 맥주왕이 되었다.

신뢰 태도가 부족해 보이는 팀원과는 이 엔드 픽처를 같이 그려볼 것을 추천한다. 진정성, 책임, 공정이라는 태도에는 공통점이 하나 있다. 한번 찾아보자.

- 동료에게 No를 하기 불편해서 당장 마음 편하자고 무리한 일정을 수락했다. ➡ 진정성 태도 부족
- 일이 버겁기도 하고 굳이 내가 아니어도 누군가는 하겠지 싶어 마무리를 동료에게 떠맡기고 퇴근했다. ➡ 책임 태도 부족
- 사정 뻔히 아는 협력사 사장님의 곤경을 외면하기 어려워 다른 협력사와 다른 단가를 적용했다. ➡ 공정 태도 부족

3가지 사례 모두 당장의 이익에 반응했다. 당장 불편해서, 당장의 사정을 봐주려고, 당장의 부담을 외면하려고. 하지만 공통점이 하나 있다. 이 태도가 부족하면 엔드 픽처는 엉망이 된다.

이런 경우를 막기 위해 리더로서 당신은 팀원들과 함께 엔드 픽처를 그리고 이에 공감대를 형성해야 한다. 이 일이 우리 팀과 조직, 개개인에게 어떤 의미인지를 공유한다. 그리고 이 프로젝트를 성공적으로 마무리했을 때의 그림을 함께 그린다.

그 엔드 픽처는 '당장의 유혹'을 이길 수 있는 꽤나 힘 있는 동기부여가 된다고 생각한다.

- 그 엔드 픽처를 위해선 팀 전체의 프로세스를 원활하게 유지해야 해. 어렵지만 거절해야지. → 진정성 태도 보완
- 그 엔드 픽처를 위해선 팀원 누군가는 반드시 마무리를 해야 해. → 책임 태도 보완
- 그 엔드 픽처를 위해선 여러 협력사들과의 신뢰를 잃지 말아야 해. → 공정 태도 보완

4. 존중 태도가 필요한 팀원

배려와 관용, 겸손 태도가 필요한 팀원들에게 이번 솔루션은 매우 간단하다. 가히 마법의 주문이다. 그 팀원에게 넌지시 힌트를 주자. 동료가 이해되지 않을 때마다 이 한 문장을 다섯

번씩 읽어보라고.

"지금 저 사람은 저 사람의 최선을 다하고 있다. 그게 나와 다를 뿐이다."

상대가 나름의 최선을 다하고 있다는 생각을 하게 되면 그를 존중하게 된다고 생각한다. 참고로 이건 내 모니터 옆에 붙어 있는 문장이다.

다시 한번 강조하지만, 흑역사를 막아줄 수 있는 건 태도다.

<4가지 태도별 피드백 요약>

① **열정 태도 부족** #자신감 #확신 #용기

→ 인간 충전기를 찾아봐. 힘이 되는 그와의 점점을 의도적으로 늘려보자.

② **성장 태도 부족** #배움 #절제 #긍정

→ 사각코너로 너를 몰아봐. 돈을 걸든, 리추얼 메이트를 만들든, KPI로 공언하든.

③ **신뢰 태도 부족** #진정성 #책임 #공정

→ 욕심나는 엔드 픽처를 그려봐. 그 그림이 너에게 동기부여가 될 거야.

④ **존중 태도 부족** #배려 #관용 #겸손

→ 마법의 주문을 외워봐. "저 사람도 지금 자신의 최선을 다하는 중이다."

열정 태도 충전

성장 태도 충전

신뢰 태도 충전

존중 태도 충전

고백하건대 난 강점 만능론자였다

그동안 나는 메시의 왼발처럼 강점은 내 인생의 가장 강력한 무기라고 생각했다. 나의 빠른 업무 속도(추진 강점)라든지, 퀄리티에 대한 높은 기준(완성 강점) 덕에 일잘러로 인지되고 있다고 나름 생각했던 것도 같다. 하지만 나답게 강점을 발휘했을 뿐인데 갈등이 불거졌다. 생각만큼 성과가 나지 않을 때도 있었다. 숱한 흑역사를 거친 끝에 내린 결론은 다음과 같다.

"일은 강점이란 무기만 가지고 하는 게 아니다."

세상에 혼자 힘으로 할 수 있는 일이 몇이나 될까. 동료, 상사, 후배, 고객. 수많은 이해관계자와 합을 맞춰서 함께해야 하는 조직생활에서 때론 만능칼보다 만능키가 필요했다. 마음의 문을 열 수 있는 만능키.

한번 생각해보자. 이 책을 무려 여기까지 읽은 당신은 어떤 동료와 일하고 싶은지. 같이 일하면 성공은 보장된 천하무적 일잘러일 수도 있겠다. 하지만 지금의 나는 같이 일하면 뭐든 할 수 있을 것 같은, 어쩌다 넘어져도 손잡아서 일으켜줄 것 같은 이들을 떠올렸다. 왜 유독 그들과 일하고 싶었을까 곱씹어보았다. 그들은 일에 대한 열정과 성장에 대한 욕심을 갖고 있으며, 동료들과 신뢰와 존중으로 이어져 있었다. 한마디로 태도였다.

잊지 말자. 내 인생의 흑역사는 역량이 아니라 태도의 부족에서 기인했음을.

잊지 말자. 강점이 내 인생의 만능칼이라면 태도는 만능키라는 것을.

잊지 말자. 훌륭한 태도를 지닌 팀원을 만드는 가장 간단한 방법은 당신이 그런 태도로 그들을 대하는 것임을.

PS

3가지 피드백 패턴
연습 문제

여기까지 읽은 당신에게 2가지 소식이 있다. 일단 좋은 것부터 말하자면 '이 끈기와 열정이면 당신은 못 할 것이 없다'는 것. 이어 안 좋은 것을 말하자면 '내일 되면 다 까먹을 것'이라는 것. 인간이 다 그렇다.

그나마 덜 까먹기 위해 방금 입력된 따끈따끈한 지식을 한번 복습해보자. 이를 위해 당신이 평소 했던 최악의 피드백을 하나 적자. 후회되는 피드백일수록 좋다. 그리고 그걸 들은 팀원은 어떤 반응을 보였는지도 함께 기록해보자.

(예시) **팀장** "마감을 맨날 이렇게 어기면 다른 팀원들이 곤란하잖아…."
팀원 눈을 피한다. 잔뜩 주눅이 들어 자책하는 눈치다.

그런 후, 지금까지 입이 닳도록 강조한 다음의 3가지 피드백 패턴으로 쪼개서 다시 써보자.

1. 너는 이렇게 일할 때 유난히 성과가 잘 나는 것 같아

(예시) 너는 일의 완벽한 마무리가 강점이야. 네가 낸 기획서는 손댈 데가 없다.

2. 실수나 갈등도 네 강점 때문일 수 있어

(예시) 다만 완벽을 추구하려다 정해진 마감 시간을 어기는 건 조심하면 좋을 것 같아.

3. 그런 위기를 피해 가게 하는 게 결국은 태도더라

(예시) 그걸 피하려면 '책임' 태도를 좀 쌓아보자. 디테일에 욕심내면서 동시에 동료와의 협업, 전체 공정의 운영에 대해 좀 더 책임감을 가져보는 거지.

상상해보자. 이런 피드백을 꾸준하게 했을 때 그 팀원의 반응을. 인정받았다는 뿌듯함을 느끼며 일의 매 단계를 더욱 신경 쓰게 될 것이다.

<3가지 피드백 패턴을 직접 적용해보자>

1. 팀원에게 하고서 후회했던 피드백은?

(예시) 마감 어기면 다른 팀원들이 곤란하잖아.

2. 3단계 피드백으로 고쳐쓰기

① 너는 이렇게 일할 때 유난히 성과가 잘 나는 것 같아

(예시) 와, 역시. 완성에 대한 기준이 높은 게 너의 강점이야.

② 실수나 갈등도 네 강점 때문일 수 있어

(예시) 다만 완벽을 추구하려다 정해진 마감 시간을 어기는 건 조심하면 좋을 것 같아.

③ 그런 위기를 피해 가게 하는 게 결국은 태도더라

(예시) 그걸 피하려면 '책임'태도를 좀 쌓아보자. 디테일에 욕심내면서.
동시에 동료와의 협업, 전체 공정의 운영에 대해 좀 더 책임감을 가져보는거지.

CHAPTER 4

3가지 질문

강점만큼이나
중요한
팀원의 '이것' 리스트

거의 다 왔다. 자기밖에 모르는 게 아니라 일터에서도 자기답고픈 요즘 팀원들, 그들을 각자의 '강점'으로 먼저 봐야 한다는 이야기를 참 길게도 썼다. 하지만 장담컨대 팀원을 그들의 강점으로 바라보려 노력하는 리더에 의해 그 팀의 온도는 달라진다.

지금부턴 여기서 좀 더 욕심을 내고 싶은 리더들을 위한 이야기다. 자기답게 일하고픈 그 팀원의 특징이 '강점' 하나는 아니다. 사람마다 그때그때의 컨디션과 몰입도가 다를 것이며, 근본적으로 그를 열심히 일하게 하는 동력도 다르다. 만약 리더가 팀원 개개인의 삶에 관심을 갖고 이를 조직의 성과와 얼라인하고자 한다면 3가지를 추가로 '덕질'해볼 것을 추천한다.

- 그 팀원의 현재 온도: "○○은 지금 어떤 컨디션일까? 혹, 말 못 할 힘든 일이 있나?"
- 그 팀원의 관심사: "○○은 어떤 주제에 관심이 있을까?"
- 그 팀원의 일하는 동력: "○○은 어떤 환경에서 가장 즐겁고 몰입해서 일할까?"

팀원에게 관심이 지대하더라도 이 셋을 일일이 체크할 순 없다. 리더의 시간은 유한하니까. 대신 이를 제도적으로 돌아가게 할 수 있는 장치를 만들어보자. 팀원들의 온도와 관심사, 동력에 대한 힌트는 지속적으로 얻으면서 거기에 너무 많은 시간을 투여하지 않아도 되는 그런 장치. 지금부터는 그 '장치'에 대한 이야기다.

첫 번째 질문

이 팀원의
지금 온도는 뭐지?

그런 적이 있었다. 분명 똑 부러지게 일하는 팀원이었는데 뭔가 이상했다. 기운이 없어 보였고 업무 중에도 딴생각하는 게 눈에 보였다. 저러다 말겠지 싶어 며칠을 지켜보았지만, 점점 심해졌다. 맡은 일이 그 팀원 단계에서 속도가 나지 않았다. 답답한 마음에 약간 차갑게 물었던 것 같다.

"요즘 무슨 일 있어요?"

그는 갑자기 눈물을 보였다. 10년 넘게 함께한 반려견이 암 판정을 받았다고 했다. 자기 자신도 그렇지만 부모님이 너무 힘들어하셔서 심정적으로 고통스럽다고 털어놓았다. 그제야 모든 행동이 설명됐다. 왜 업무 내내 카톡을 들여다보며 안절부절못했는지, 회의 시간에 다른 생각에 골똘했는지. 그가 얼마나 반려견을 아끼는지 잘 알고 있는 터라 미안한 마음이 앞섰다. 왜 진작 말하지 않았냐고 했더니 그의 대답.

"개인적인 일로 업무에 지장을 주는 것은 프로페셔널하지 않다고 생각했어요."

순간 무릎을 쳤다. 이건 내가 먼저 캐치했어야 하는 일이었다. 리더가 일명 '어두운 계곡' 모드에 있는 팀원을 캐치하는 건 여러모로 중요하다. 그로 인해 일에 지장이 있지 않게 조정하는 것은 기본이고, 일로 인해 더 깊은 계곡에 빠지지 않게 감정적인 공감과 위로를 건네는 것도 필요하다.

다만 리더가 실시간으로 팀원의 기분을 캐치하는 건 불가능하다. 다음은 그런 상황을 위한 3가지 장치이다.

일대일 면담은 캘린더 반복 일정으로

처리해야 하는 일이 팀원 수의 n승으로 쌓이는 리더에게 가장 귀한 자원은 '시간'이다. 시간을 알차게 쪼개서 쓰는 건 굉장히 중요한 스킬이기도 하다. 하지만 여기에도 주의해야 할 점이 있다. 너무 바쁜 리더에겐 팀원들이 쉽사리 만남을 청하지 못한다는 것. 그래서 그들의 컨디션을 체크하기 더 어려워진다는 것. 과업들을 종합적으로 관리해야 하는 리더의 일정은 유동적으로 바뀌기 마련이다. 여기서 우선순위에서 밀리게 되는 게 팀원 면담이다.

"앗, 김대리. 갑자기 부장님이 보고해달라고 하셔서요. 우리 면담은 다음으로 미루죠."

"앗, 최사원. 갑자기 고객사에서 미팅을 요청했네요. 우리 면담은 다음으로 미루죠."

"앗, 박대리. 갑자기 분기별 실적 점검을 하게 됐어요. 우리 면담은 다음으로 미루죠."

보이는가? 팀원들의 '현재 온도' 정보에서 점점 멀어지고 있는 팀장의 좌표가?

이걸 막기 위해 추천할 수 있는 것이 팀원과의 일대일 면담을 캘린더에 '반복 일정 모드'로 시간을 확보해놓는 것이다. 일단 면담을 월별 기본 일정으로 정해놓고 다른 일정은 그것과 겹치지 않게 잡아보자. 그리고 여기에 룰을 만들어보자. 긴급 이슈가 생길 경우 딱 한 번 미룰 수 있다든지, 두 번 이상 미루면 리더가 사비로 '스타벅스 기프티콘'을 보내줘야 한다든지.

최소한 나와의 면담이 '우리 팀장님'에게 상당히 중요한 과업이라는 메시지가 전달돼야 한다. 그런 메시지가 바로 최근 조직문화의 가장 큰 이슈 중 하나인 '심리적 안정감'이다.

회의 시작을 개인의 '날씨' 표현으로

'저 사실 지금 이런이런 이유로 어둠의 계곡 모드예요'라는 말은 사실 쉽게 나오지 않는다. 여긴 회사고, 상대는 동료와 팀장 아닌가. 깊이 있고 진지한 일대일 대화가 아니라 가볍고 부담 없이 개인의 온도를 체크할 수 있는 게 바로 '날씨 카드'다. 보통 모든 회의의 시작은 이렇다.

"그럼 지금부터 ○○의 △△△ 전략에 대한 아이디어 회의를 시작하겠습니다."

그전에 한 3분만 확보하자. 그리고 돌아가며 각자의 날씨를 말해보는 거다. 온라인 회의라면 날씨 이모티콘을 보이며 이야기할 수도 있겠다.

- "전 오늘 ☁️(구름)입니다. 주말에 살짝 허리를 삐끗해서 앉아 있는 게 조금 힘들거든요."
- "전 오늘 ▨(안개) 꼈어요. 고객사에서 살짝 컴플레인을 줘서 그것 때문에 걱정거리가 조금 있어요."
- "전 오늘 ☀️(맑음)입니다. 왜냐면 내일부터 휴가거든요!"
- "전 오늘 🌈(무지개)입니다. 지난주의 프로젝트가 제게 아주 큰 부담

이었는데요. 소나기 같은 업무를 무사히 마치고 오늘은 결과 보고서만 보내면 돼요."

이렇게 하면 누구나 부담 없이 자신의 상황을 리더와 팀원들에게 공유할 수 있다. 그리고 리더는 이들이 몰입할 수 있는 환경을 만들기 위해 그 날씨를 힌트 삼을 수 있다. 아, 물론 리더의 온도를 팀원들에게 너무 무겁지 않게 전달할 수 있는 수단으로 활용할 수도 있다.

주간 회의 시작을 '위클리 씬' 공유로

이렇게 다소 사적인 이슈를 포함하여 팀원들의 '그날의 온도'를 체크할 수 있는 또 다른 방법이 '위클리 씬weekly scene' 공유다. 이 방법은 꽤 오랜 시간 전문가들에 의해서 실행된 장치다. 《빌 캠벨, 실리콘밸리의 위대한 코치》에서는 '여행 보고서'라는 이름으로 이를 설명한다.

빌 캠벨은 실리콘밸리의 CEO들이 누구보다 믿고 의지한 인생의 멘토였는데, 그가 영향을 끼친 기업 중엔 구글도 있었다. 그는 구글에 '여행 보고서'라는 문화를 자리 잡게 했는데, 한마디로 회의를 시작할 때 먼저 각자 주말에 있었던 일을 이야기하게 한 것이다. 여행을 다녀왔다면 그 여행을 보고서로 만들어 발표하게 했다. 그런 스몰토크는 자연스럽게 '그래서 어떻게 도와주면 될까?'로 이어졌다고 하니, 개인에 대한 관심을 조직의 성과로 얼라인하는 데 손색이 없었을 터다.

그의 메시지를 평범한 우리들의 주간 회의에도 컨씨비해보자. 각자의 위클리 씬을 공유하며 회의에 시동을 걸어보는 것.

- "지난주 저의 위클리 씬은 강릉에 가서 첫 서핑을 했던 일이에요."
- "저는 마케팅 프로젝트에서 목표했던 KPI를 130% 초과 달성한 순간이요."
- "저는 동료에게 '네 덕분에'란 표현을 들었던 게 저의 위클리 씬이에요."

물론 자율이다. 사적 이야기를 입 밖으로 내고 싶지 않은 이들에겐 그럴 권리가 있으니까. 다만 내가 이곳에서 성과를 위한 수단만이 아니라, 나의 만족과 행복 역시 이 팀의 중요한 KPI라는 점을 알려주는 것은 중요하다.

결국 누구나 편하게 말할 수 있어야 한다, 지금 나의 온도가 어떠한지.

두 번째 질문

이 팀원의
관심사는 뭐지?

온도는 차라리 쉽다. 표현하기도, 리더가 팀 관리에 반영하기도 간단하다. 조금 더 어려운 질문은 이거다.

'그 팀원, 무엇에 관심이 있지?'

단순히 자기소개서에 나오는 #넷플릭스 #반려견 #MBTI 말고, 커리어에 밀접한 그의 관심사를 캐치할 수 있는 질문을 던져볼 차례다.

지금부터 소개할 3가지 장치는 실제로 내가 소속된 조직에서 시도해보고 있는 제도다. 조직마다 상황과 구조가 다르니 모두를 위한 정답일 순 없다. 다만 각자의 핏fit에 맞게 적용해보면 분명 도움이 될 것이다.

1. 콩나물 아워
출근 후 30분은 딴 공부에 쓰게 하기

각자의 관심사는 업무에 큰 영향을 끼친다.

예를 들어 나는 #조직문화 #스토리 #콘텐츠라는 키워드에 격하게 반응하고, 업무도 이런 키워드가 녹아들었을 때 훨씬 신이 난다.

하지만 이런 키워드가 업무에 반영되는 일은 드물다. 특히 업무의 자기 주도성이 낮은 팀원일 경우에는 더욱 그렇다. 주어진 일과의 교집합을 찾기 어려운 것은 나중 문제고, 리더가 팀원들의 관심과 지향에 대해 알기가 어렵기 때문. 그래서 우리 팀에서 만들어본 것이 〈콩나물 아워〉다.

다 같이 모여서 콩나물을 다듬으며 수다를 떠는 시간…은 아니고 각자에게 집중할 수 있는 '덩어리 시간'을 주는 것을 말한다. 이 제도의 시작은 에어팟에 대한 명확한 관점 차였다. 어느 기업에 교육을 갔는데, 그곳에서 한 임원이 이런 말을 했다.

"요즘 친구들, 사무실에서 이어폰 끼고 있는 거 보기 좀 그렇습니다. 옆에서 누가 불러도 못 듣고, 전화도 못 받잖아요."

신선했다. 보통 젊은 사람들은 사무실에서 콩나물, 그러니까 무선 이어폰을 끼고 있다는 것은 이런 뜻이라고 생각하지 않나.

'나는 지금 집중하고 있습니다.'

누군가의 집중 시간이 누군가의 눈에는 불통의 상징일 수도 있다는 것을 깨닫자, 여기서 메시지를 만들고 싶었다. 아예 대놓고 자신이 원하는 걸 파고들어 보는 콩나물 아워를 정례화해 본 것이다. 그래서 우리 팀원들에겐 매일 출근 후 30분씩 콩나물 아워를 가질 권리가 주어진다. 꼭 업무에 직접적인 관련이 있을 필요는 없다. 평소 관심 있는 '그것'에 관한 책을 볼 수도 있고 유튜브를 봐도 좋다. 다급한 업무가 있지 않은 이상 주 1~2회 정도는 지켜지고 있는 듯하다.

딱히 지시한 것은 아니지만 그 콩나물 아워의 과정은 공유 문서에 쌓이고 있다. 그것을 보는 재미가 참 쏠쏠한 게, 분명 같은 팀에서 같은 일을 하고 있건만 관심사는 천양지차였다.

예를 들어 팀원 S는 다음과 같이 기록했다.

🗓 날짜	🅰 오늘의 콩나물
2022년 4월 20일	📄 2022년 광고회사 현황조사 ← 결과를 봤습니다
2022년 4월 21일	📄 2009년에 발행된 <직장 내 Y세대에 대한 오해와 Y세대 리더십>이라는 리포트를 봤습니다
2022년 4월 28일	📄 에코마케팅 : 광고회사에서 비지니스 부스터로, 퍼포먼스의 비결을 장부로 읽다
2022년 5월 3일	📄 엑셀로 데이터 분석하는 법 ← 을 찾아봤는데 우와 대단하네요

<팀원 S의 콩나물 아워 보드>

찬찬히 뜯어보니 대략 팀원들의 키워드는 이랬다.

- **팀원 S**　#데이터 #트렌드 #엑셀
- **팀원 B**　#구조화 #효율 #프로세스 #데이터
- **팀원 K**　#콘텐츠 #영상 #트렌드 #밈

이건 팀의 R&R을 나눠야 하는 리더에겐 더없이 좋은 자료가 되었다. 이 제도 덕분에 영상, 콘텐츠에 관심 있는 K와 〈클래스101〉 영상 프로젝트를 같이 할 수 있었고, 데이터라는 공통 관심사를 가진 B와 S가 함께 HR 데이터를 분석할 수 있게 묶어줄 수도 있었으니 그 효과를 톡톡히 본 셈이다.

잠깐, '너무 팀원 개인의 만족에만 신경 쓰는 것 아닌가?' 하는 당신의 생각이 여기까지 들린다.

물론 리더에게 주어진 목표는 조직의 성과다. 하지만 그 성과가 가장 크게 나는 건 각자 신나게 몰입할 수 있는 일을 할 때가 아닐까? 내겐 그 힌트를 준 건 콩나물 아워였던 것이고. 그 효과가 미심쩍다면 일단 한번 적어보자.

- 팀원 ＿＿＿＿＿＿ 의 관심 키워드: ＿＿＿＿＿ , ＿＿＿＿＿ , ＿＿＿＿＿
- 팀원 ＿＿＿＿＿＿ 의 관심 키워드: ＿＿＿＿＿ , ＿＿＿＿＿ , ＿＿＿＿＿
- 팀원 ＿＿＿＿＿＿ 의 관심 키워드: ＿＿＿＿＿ , ＿＿＿＿＿ , ＿＿＿＿＿

몇 개의 키워드를 적었는지 세어보자.

리더는 생각보다 팀원을 모른다.

2. 키다리 위크
팀원의 관심사를 지지해주기

《최고의 팀은 무엇이 다른가》의 대니얼 코일이 말한 인상적인 실험 하나를 소개한다. 연구진이 피실험자에게 무척 어려운 과제를 부여했다. 굉장히 복잡하고 어려운 퍼즐을 맞추는 것. 감을 잡지 못하고 막막해하는 피실험자에게 누군가 쪽지 한 장을 전달한다. 모르는 사람 스티브가 보냈다는 말을 전하면서. 그러자 쪽지를 읽은 피실험자의 태도가 달라진다. 훨씬 더 몰입 시간이 늘었고, 비슷한 과제에 다시 도전해보고자 하는 의지도 커진 것. 자, 맞혀보자. 그 쪽지에는 어떤 내용이 쓰여 있었을까?

그 한 줄은 뜻밖이었다.

"제가 당신에게 힌트를 드리고 싶습니다."

써먹을 수 있는 힌트 하나 없는 아주 막연한 그 메시지가 피실험자에게 동기부여한 것. 때로 문제 해결의 열쇠는 따뜻한 박수일 수 있는 셈이다. 일하는 우리도 그렇지 않나? 당장 써먹을 수 있는 유용한 정보만 도움이 되는 게 아니라 나를 향한 동료의 격려 한마디, 응원 메시지 하나가 때로는 우리를 더욱 똑똑하게 만드는 법이니까.

이런 아이디어에서 출발한 것이 〈키다리 위크〉다. 한마디로 구성원을 연결해주는 프로그램인데 흔히 생각하는 멘토링과는 전혀 다르다. 멘토링에는 이런 프레임이 있다. 고년차 선배가 저년차 후배에게 일방적으로 지식과 경험을 '전수'하는 것. 하지만 배움의 방향은 상하上下가 아니라고 생각했고, '전수'가 아니라 '공유'할 수 있는 구조를 떠올렸다.

먼저 직무, 관심사, 강점, 연차, 지향 등의 항목으로 어떤 사람을 만나고 싶은지 묻는다. 물론 평소 친분이 없지만 한번 만나보고 싶은 특정인을 지목해도 좋다. 그 응답 데이터를 기준으로 키다리를 매칭한다. 실제로 나 역시 하반기 키다리 위크 때 다음의 이유로 세 명의 매칭을 신청했다.

- 외교 강점을 가진 분을 만나고 싶어요. 외부 자원을 연결하는 팁을 듣고 싶습니다.
- ○○○ 님을 만나고 싶어요. 이러이러한 이야기를 나눠보고 싶거든요.
- 3년 차 마케터를 만나고 싶어요. 그들의 고민이 듣고 싶거든요.

연차에 기반을 둔 멘토링도, 무작위로 매칭하는 랜덤 네트워킹도 아니다. 구성원 개개인의 관심사를 연결해서 동료들과 고민과 경험, 지식을 나눌 수 있게 하는 '나다운 만남'에 가깝다. 재택의 시대, 팀워크와 연결이 고민이라면 이런 뜻밖의 자리를 만들어보는 것도 적극 추천한다.

내가 있는 조직에선 전사 규모로 했지만 전사 차원에서만 가능한 시도는 아니다. 팀에서도 충분히 해볼 수 있는 제도다.

어제와 오늘의 비즈니스가 다른 세상인지라 팀원에게 실무적 전문성을 갖고 코칭할 수 없어서 괴로워하는 리더들이 많다. 팀원들이 더 빠르게 새로운 영역을 파고들 수 있으니까. 하지만 리더가 가장 잘할 수 있는 일은 따로 있다. 필요한 자원과 사람을 이어주는 '연결'이다.

팀원이 A라는 문제를 고민하고 있다고 해보자. 리더는 A를 잘 모를 수 있다. 하지만 A에 대해 잘 아는 사람을 알고 있을 확률은 팀원보다 훨씬 높다. 업력과 연차가 있으니까. 팀원들에게 도움이 될 만한 키다리를 적극적으로 찾고 연결하는 리더에게, 팀원의 마음이 움직이지 않을 수 있을까?

3. 당.써.먹 스터디
전문성으로 자신을 브랜딩할 기회 만들어주기

'셀프 브랜딩' 이야기를 하면 많은 리더들이 찝찝한 표정을 짓는다. 개인의 성장과 성취에 집중하면 팀에서 부여되는 업무에는 소홀하지 않을까 하는 염려다. 하지만 이를 되려 역이용하는 방법도 있다. 개인의 지식과 경험을 동료에게 나누는 것이다.

그 생각에서 만들어진 게 대학내일의 〈당써먹 스터디〉다. '당장 써먹는 점심시간 스터디'의 줄임말로, 그 프로그램 안에서는 동료를 가르치는 구성원을 '스님(스터디 오퍼레이터님, 스승님의 약자)'으로 부른다. 특히 스님 활동은 나를 위한 셀프 브랜딩과 조직을 위한 기여 두 마리 토끼를 모두 잡게 설계되었다.

고백하자면 내가 만들었다. 일단 출발은 '열 발짝 앞선 외부 강사 한 명보다 반 발짝 앞선 동료 열 명의 강의를 듣는 게 더 맞겠다'라는 생각으로 만들었다.

물론 고민은 있었다. 현업을 감당하기에도 바쁜 구성원에게 이러한 스터디를 통해 또 다른 부담을 요구해서는 안 될 일이니까.

하지만 개인적인 경험으로 갖게 된 확신이 있었다. 바로 '가장 큰 성장은 뭔가를 배울 때가 아니라, 누군가를 가르칠 때 일어난다'는 것.

머릿속으로 대충 알고 있는 것만으로는 누군가를 가르칠 수 없다. 설명할 수 있으려면 정말 잘 알아야 하고, 그래서 우린 가르칠 때 가장 크게 배운다. 그래서 '동료를 가르치는 것 = 나의 성장과 인정이 성립되면?'이라는 생각으로 시작했다.

예를 들어 '유튜브 채널 운영' 당써먹 스님을 하게 되면 다음의 효과가 나타난다.

• 사내에서 유튜브 채널 전문가로 인정받음.
• 교안을 준비하며 자신의 전문성을 업그레이드할 수 있음.
• 자신만의 오리지널 교안을 가질 수 있음.
➡ 자신과 동료들의 성장에 기여하게 된다.

당써먹이 도입된 지 채 2년이 되지 않아 120개가 넘는 커리큘럼이 만들어졌으니 그 선순환 구조가 어느 정도 증명된 셈이다.

2022년 9월

월	화	수	목	금
12	13 (리더) 요즘 리더는 모르는… 김현진 <강점x팀빌딩> 재무팀 이윤경	14	15 (리더) 힘이 되는 말, 흠이… 박종남	16 (리더) 프로젝트 오답노트… 문송이
19 (리더) 개인 면담의 준비와… 박해길	20 (리더) 왜, 지금, 브랜딩 제… 이혜인	21 (리더) 브랜딩 제안을 이끄… 정은우	22 (리더) 후니에게 물어봐 김영훈	23
26	27 스노우 매체설명회 스노우	28 (데이터) 20대연구소 데이… 호영성	29 (데이터) 리서치 프로젝트… 호영성	30
3 공휴일	4 데이터 시각화의 모든 것 송혜유	5	6 신호등 리뷰 문송이	7 4분기 온보딩데이

<대학내일의 2022년 〈당.써.먹〉 프로그램 현황>

이 팀원을 신나게
몰입하게 하는
동력이 뭐지?

강점과 관심 키워드만 다른 게 아니다. 본질적으로 우리 모두는 일터에서 각자 다른 이유로 행복을 느낀다. 바로 이것에 대한 근본적인 질문을 던질 차례다.

'팀원 ○○을 신나게 일하게 하는 것은 무엇일까?'

얼핏 들으면 좀 이상한 질문인 것도 같다. 각자 빈칸을 채워보자.

당연히 _____할 때 신나게 일하는 거 아닌가?

이를테면 이런 거다.

- 당연히 돈 많이 줄 때 신나게 일하는 거 아닌가?
- 당연히 인정받을 때 신나게 일하는 거 아닌가?

(**TIP** 가장 많은 답변은 '돈'이지만 그건 팀장이 단독으로 결정하기 어려운 영역이다. 해서 여기선 리더의 의지와 권한으로 시도해볼 수 있는 것들로 한정해 이야기해볼 것!)

문제는 당신에겐 당연한 그 이유가 당신의 팀원에겐 전혀 관심 밖일 수도 있다는 것. 흔히 우리를 열심히 일하게 하는, 몰입하게 하는 6가지 요인을 이렇게 꼽는다.

1. 성장한다고 느낄 때

2. 인정받는다고 느낄 때

3. 성취감을 느낄 때

4. 소속감을 느낄 때

5. 자율적으로 일한다고 느낄 때

6. 의미 있는 일을 한다고 느낄 때

예를 들어 성장하는 것이 가장 중요한 팀원 A가 '나 지금 정체되고 있어'라고 느낀다면 적신호다. 한편 동료와의 관계와 팀의 소속감이 중요한 팀원 B에게 성장은 그리 중요한 요소가 아닐 수도 있다. A에겐 '성장'이란 화두를, B에겐 '소속감'이란 화두를 던지고, 이를 채워줄 수 있는 환경을 만들어야 한다.

1. 일의 우선순위 물어보기

가장 간단한 방법은 대놓고 물어보는 거다. 팀원 각각에게 당신에겐 무엇이 제일 중요하냐고 묻고, 그게 지금 어느 정도 충족되고 있는지를 이어 물어본다. 예를 들어 팀 회의에서 1시간 정도 할애하여 이런 것을 해보는 것이다.

▶ 다음의 6가지 요소 중 당신을 신나게 일하게 하는 우선순위를 매겨보세요.

→ 성취, 성장, 자율, 인정, 의미, 소속

1순위	2순위	3순위	4순위	5순위	6순위

▶ 현재 업무에 얼마나 만족하고 있는지 체크해보세요.

※ 전혀 아니다(1점) - 다소 아니다(2점) - 보통이다(3점) - 다소 그렇다(4점) - 매우 그렇다(5점)

문항	1	2	3	4	5
나는 일하며 성취감을 느끼고 있다.					
나는 일하며 성장하고 있다고 느낀다.					
나는 자율적으로 일하고 있다.					
나는 일하며 인정받고 있다고 느낀다.					
나는 의미 있는 일을 하고 있다.					
나는 일하며 소속감을 느낀다.					

이 표를 받아 든 리더에게 남겨진 일은 가장 중요하지만 가장 덜 만족하고 있는 그 영역을 찾아 메꾸려 노력해볼 차례다.

2. 〈셀터뷰〉 하기

첫 번째 방법이 살짝 어색하게 느껴질 수도 있겠다. 너무 진지하게 시작하면 솔직한 답변이 안 나올 것 같다는 우려도 있다. 그래서 품은 조금 더 들지만, 말랑말랑하고 자연스러운 제도를 소개한다. 일명 〈셀터뷰: 나를 열심히 일하게 하는 것은 무엇일까?〉다.

우리는 하루에도 몇 개씩 남의 이야기를 보고 듣는다. 누가 이렇게 생각하며, 누가 저렇게 살고 있다는 이야기들. 하지만 정작 자기 자신을 들여다보는 시간은 갖기 어렵다.

생각해보자. '당신은 일하며 언제가 가장 만족스러운가요?' 라는 질문을 몇 번이나 받아봤는지.

셀터뷰는 그런 내용을 대놓고 묻는다. 12일 동안 12개의 질문을 스스로에게 던지고, 익명으로 게시되는 각자의 노션 보드에 그 대답을 기록한다.

〈나의 셀터뷰 노션 보드〉

예를 들어 11일 차의 질문은 다음과 같았다.

🔒 **Day11 셀터뷰**

도무지 힘이 나지 않을 땐 '같은 상황의 친한 친구에게 충고하듯' 나를 바라봐주란 이야기를 들었어요. 연차가 올라가면서 고민도, 부담도 점점 커지고 있을 우리. 친한 친구가 하는 고민이라고 생각하고 나에게 한마디해주세요.

🎙 윤경아, 지금은 괴로울 만큼 쓴 레몬이지만, 곧 시원하고 달달한 레모네이드가 될 거야. 모든 시련과 역경은 너를 더 좋은 사람으로 만들 거야. 같이 해보자.

예를 들어 2일 차엔 '위기를 극복했던 방법'에 대해, 9일 차엔 '가장 만족스러웠던 프로젝트'에 대해 물었다. 이렇게 사내 카페에서 제공되는 라떼를 마시며 12일간 자신을 인터뷰하다 보면 조금은 감이 잡히게 된다. 무엇이 나를 행복하게 일하게 만드는지에 대해서 말이다.

내가 속한 조직에서 이 프로그램은 전사 구성원들을 대상으로 개별 진행을 하고 있지만 팀 프로그램으로 적용해볼 수도 있다. 의미 있는 시간이 될 것이라 확신한다. 팀원들의 엔진을 이해할 수 있는, 그래서 그 엔진이 꺼지지 않게 도울 수 있는 힌트를 얻을 수 있을 테니까.

당신은 어떤 팀장이 되고 싶습니까?

와, 정말 마지막에 왔다. 우선 이 책을 읽을 이들은 대부분 리더일 터. 졸린 눈 부여잡고 이 두꺼운 책을 다 읽어낸 당신과 꼭 나누고 싶은 이야기가 있다. 그 옛날 《삼국지》 이야기다.

어느 날 조조는 유비와 같이 있었다. 땅이 가물어 백성들이 보릿고개를 넘던 시절이었던 것 같다. 거리에서 죽어나가는 백성들의 곡소리가 이어졌다. 이를 보던 유비가 바닥에 주저앉아 아이처럼 울었다. 백성들이 가여워서. 이를 보던 조조는 속으로 생각했다.

'만약 이자가 지금 눈앞의 민심을 움직이려는 요량으로 이리한다면 이자는 참 대단한 자다.'

하지만 오래전 코찔찔이였던 내 가슴을 파고든 건 그다음의 문장이었다.

'하지만 아무 계산 없이, 진심에서 우러나와 저리 우는 것이라면 나는 유비를 이길 수 없다.'

자신의 어린 아들인 아두를 적진에서 구해 온 조자룡에게 유비가 했던 말도 같은 맥락이다. 피투성이가 된 조자룡이 품 안에서 소중히 꺼낸 아두를 유비는 바닥에 내던진다.

"이 아이 때문에 너 같은 장수를 잃을 뻔했다…."

잘하는 거라곤 돗자리 짜는 게 전부였던 촌부 유비가 어떻게 시대를 관통하는 리더가 되었을까. 관우와 장비, 공명과 조자룡 같은 숱한 별들은 무얼 보고 그를 위해 목숨을 걸었을까.

난 그 이유를 이 두꺼운 책을 여기까지 읽어낸 당신에게서 찾을 수 있을 것 같다. 당신의 눈꺼풀을 들어 올린 건, 스마트폰을 내려놓게 한 건 이런 마음이었을 테니까.

'우리 팀원들이 잘되게 돕고 싶다.'
'이 팀원이 조직에 기여할 수 있게 방법을 같이 찾고 싶다.'
'이 친구가 참 잘됐으면 좋겠다.'

그들에게 좋은 팀장이 되고 싶은 마음, 팀원의 성장과 성취에 대한 진정성. 유비가 아두를 던지며 한 말도, 맨 처음 언급한 웹툰 〈송곳〉의 대사도, 나의 리더 김정훈 팀장이 한 말도 결국 같은 말이다.

"나는 니들이 잘됐으면 좋겠어."

사실 이상적인, 성인군자 수준의 마인드가 아니어도 좋다. 이런 정도로도 충분하다. '네가 잘되어야 우리 팀이 잘되는 걸 알아. 그러니까 널 잘되게 하고 싶어.'

그런 진심을 가진 당신이라면 이 책에 구구절절 늘어놓은 3가지 피드백 패턴을 꽤 유용하게 쓸 것이라 확신한다. 그리고 조자룡이 유비를 위해 기꺼이 목숨을 내놓았듯, 리더가 진심을 보였을 때 팀원은 팀과 조직을 위해 몰입할 거라 믿는다. 기꺼이, 무엇보다 즐겁게.

문득 이 책에서 가장 먼저 던져진 질문이 떠오른다. 이 책을 쓰며 그 질문에 대한 답을 꽤 찾은 것도 같다. 그래서 던지는 마지막 질문.

"그래서 당신은 어떤 팀장이 되고 싶은가요?"

요즘 팀장 해설서

팀원이 팀장의 능력과 지시에
불만을 표한다면, 이렇게 피드백해봅시다.

강안정 팀장과 한냉철 팀원의 문제는 팀원들이 여전히 팀장에게 '실무로 압도해줄 것'을 기대할 때 생긴다. 수많은 방법이 있겠지만 이 책에서 집중해보고 싶은 건 우리의 '강점'이다. 이 상황을 강안정 팀장 본인과 한냉철 팀원의 강점으로 해석해보자는 것.

우선 한냉철 팀원을 살펴보자. 힌트는 널려 있다. 그는 매사에 날카롭고, 똑 부러진다. 아이디어를 제안할 때도 철저한 사전 조사와 시장 분석은 기본이다. 동료들의 아이디어에 반대 의견을 제시할 때도 날카롭다. 단순히 그냥 "그건 좀 그런데요"라고 말하는 법이 없다. "그 아이디어를 실행할 경우 경쟁사 A에서 B 이슈로 반발할 것 같다는 우려가 드는데요. 혹시 이 점도 검토하셨나요?" 이러니 한냉철 팀원이 '믿맡'이었던 것.

눈치챈 이도 있겠지만 강안정 팀장에게 충격을 준 이 사건에서도 한냉철 팀원은 사실, 하던 대로 했을 뿐이다. 결론부터 말하면 그는 '평가' 강점을 가지고 있을 가능성이 크다. 논리적으로 상황을 판단하여 객관적으로 진단하는 강점으로, 쉽게 말해 "이 정도는 괜찮겠지?" 하는 분위기에서 "그건 아닌 것 같습니다"라고 말해주는 역할이다. 일이든 사람이든 거기 내포되어 있는 문제점을 잘 캐치하는 강점인데 이번엔 그 대상이 '강안정 팀장의 업무 전문성'이었을 뿐이다.

강안정 팀장은 어떨까? 힌트는 문제 상황의 첫 문장에서 찾을 수 있다. '진행 중인 프로젝트에 문제가 생기지 않게 철저하게 리스크를 관리하는 타입. 덕분에 큰 문제없이 소소한 성과를 내며 팀을 꾸리고 있었다.' 그는 팀을 '관리'하는 것이 잘 맞는다. 워낙 계획을 꼼꼼하게 세우고 철저하게 준비하는 타입이다 보니 여러 팀원을 엑셀 위에 펼쳐놓고 무리 없게끔 계획을 세우는 것이 훨씬 자신에게 맞는 역할이라고 느낀다. '조정' 강점을 가졌다. '복잡한 일을 정돈하여 계획적으로 수행'하는 강점.

한냉철 팀원은 상황을 객관적으로 진단하며 '평가' 강점을 잘 썼다. 강안정 팀장은 복잡한 팀의 과업을 정돈하며 '조정' 강점을 잘 썼다.

문제는 2가지다. 첫 번째로 '태도'다.

한냉철 팀원은 날카롭게 문제점을 캐치하는 것엔 성공했지만 동시에 날카롭게 팀장의 마음을 찔렀다. 그것도 모든 팀원들이 보는 앞에서. 즉 본문에서 설명한 12가지 태도 중 '배려'와 '관용' 태도가 부족했다.

문제를 지적하는 목적은 그 문제를 해결하기 위해서다. 하지만 한냉철 팀원은 옳은 소리를 하고도 문제 해결(본질적으로 문제를 해결하기 위해 팀의 전략을 새로 수립하는 것)의 근처에도 못 갔다. 문제를 해결해야 할 강안정 팀장의 마음에 상처를 주면 해결의 동력을 얻을 수 없다는 점은 생각하지 못했다.

강안정 팀장도 마찬가지다. 그는 팀의 과업을 체계적으로 정리하는 것엔 능했지만 자신의 의견에 자신감과 확신을 갖지 못했다. 그래서 한냉철 팀원의 피드백을 생산적으로 수용하지 못하고 감정적으로 반응했던 것.

이런 태도의 문제는 두 번째 문제를 야기한다. 서로 협력하지 못하고 되려 반목하게 되는 것. 한냉철 팀원은 냉철하게 분석할 수 있지만 꼼꼼하게 계획을 세우진 못한다. 강안정 팀장은 정확히 그 반대다. 서로 보완할 수 있는 강점이지만 태도 때문에 보완은커녕 눈도 안 마주치는 관계가 되었다.

앞선 모의고사에서 적은 답들엔 이런 것도 있었을 것 같다.

1. 분위기 흐리지 않게 팀원을 다른 팀으로 보낸다.

2. 팀 위계를 흐렸으니 팀원을 엄중히 질책한다.

3. 팀에 꼭 필요한 인재이니 불러서 타일러본다.

그러나 이러한 답은 최선이 될 수 없다. 다음의 3가지를 생각해보자.

1. 다른 팀으로 보내면 우리 팀의 '믿맡'을 잃는다.

   (제2의 한냉철이 우리 팀에 오면 그땐 또 어떻게 할 것인가?)

2. 엄중히 질책하며 무어라 할 건가. 팀장 말에 '되바라지게' 굴었다고?

   (Nope. 이 시대와 맞지 않는다.)

3. 무작정 타일러본다? 무엇이라 타이를 것인가. 팀장이 부족해서 미안하다고?

   (타이르더라도 팀장이 무조건 굽히고 들어가는 것은 자신의 번아웃만 부를 뿐이다.)

한냉철 팀원도 강안정 팀장도, 서로의 강점을 존중해야 한다. 그리고 각자 자신의 태도를 돌이켜볼 수 있어야 한다. 그러기 위해 필요한 게 바로 이 책의 주제 '강점 관점 피드백'이다. 한냉철 팀원은 '평가' 강점으로, 강안정 팀장은 '조정' 강점으로 자신과 상대방을 인정해줘야 한다. 그걸 전제로 다음과 같이 3단계로 피드백해보자.

피드백 ① 너는 이렇게 일할 때 유난히 성과가 잘 나는 것 같아

그의 평가 강점은 팀과 팀장인 당신의 자산이다. 그러므로 그 강점을 인정해주는 것에서 시작하자. 한냉철 팀원의 날 선 지적으로 굳어버린 팀 회의 분위기는 팀장의 대응으로 뒤집을 수 있다. 감정은 배제한 채 그 의견의 '일리'에 주목하는 것이다.

"방금 이야기한 그 포인트에 대해 좀 더 자세히 이야기해줄래요?"

그렇게 그에게 역할을 주자. 유난히 예리한 시선을 팀에서 발휘해볼 기회를.

피드백 ② 실수나 갈등도 네 강점 때문일 수 있어

그의 강점을 적극 인정해주었다면 다음 단계는 컨트롤할 수 있게 돕는 것이다. 그의 평가 강점이 만년 '지적'으로만 끝나지 않게 가이드해주는 것. 이를 위해 한냉철 팀원에게 이런 미션을 주자.

"예리한 시선은 때로는 문제 해결로 이어지지 못할 수도 있어요. 공격받는다는 생각을 하면 사람들은 마음의 문을 닫으니까요. 앞으로 회의에서 문제를 제기할 때 피드백보다 피드포워드를 해보면 좋겠어요. '이거 잘못됐는데요?'가 아니라 '이거 잘못됐으니 이렇게 해보자'라는 데까지 의견을 개진하는 거죠."

피드백 ③ 그런 위기를 피해 가게 하는 게 결국은 태도더라

존중받고 있다는 신뢰를 주었다면 이제 태도에 대해 이야기할 차례. 여기서도 전제는 그의 '강점'이다. 지금은 다소 부족한 배려와 겸손, 관용을 갖추면 어떤 일이 일어나게 되는지를 함께 이야기해보자. 방법은 다양하다. 한냉철 팀원과 비슷한 캐릭터(예를 들면 〈미생〉 장백기)를 꺼내 자연스럽게 이야기할 수도 있다. 리더가 먼저 그런 태도를 지속적으로 보여주는 것도 좋다. 본인이 과거에 동료들을 존중하지 않아 겪었던 문제 상황을 꺼내놓거나, 좋은 태도를 가진 다른 팀원들을 적극적으로 인정해주는 것도 좋은 방법이다. 어떤 방법을 쓰든 중요한 건 이거다. 시선을 늘 그의 '강점'에 두어야 한다는 것.

케어를 원하는 팀원에게는
이렇게 피드백해봅시다.

단군 이래 피드백 수용도(혹은 의존도)가 가장 높은 것이 바로 요즘 MZ세대인지도 모른다. 성장해야 한다는 강박을 느끼는 요즘 세대들에게 타인의 피드백은 일종의 건전지 같은 거다. 문제는 아직 한국의 조직문화는 이전 시대의 '드문드문 피드백'에 가까워서, 기껏해야 연말에 성과를 통보받는 정도다. 그러니 저연차 구성원들은 답답하고 초조하다. 동료든 리더든 조직이든 '내가 잘하고 있는지'에 대해 피드백해줄 존재가 몹시 간절한 것이다. 그러니 실은 나미 팀원과 그 동기들이 말하는 '케어'는 사실 '피드백'의 다른 이름이다. 막연히 어린이집 선생님이나 베이비시터처럼 우쭈쭈해주길 바라는 것이 아니다. (이게 팀원과 팀장의 가장 큰 오해일지도.)

정답은 없다. 본인의 가치관에 따른 문제니까. 안보모 팀장은 리더십에 대한 정의와 관점이 명확하다. 일을 해서 성과를 내는 것이 팀장인 자신의 역할이라고 생각한다. 맞는 말이다. 하지만 나미 팀원의 생각을 좀 더 정제해서 들여다보면 살짝 이야기가 달라진다.

팀장의 케어를 바라는 팀원들의 의견은 대부분 불만으로 전달된다.
→ '우리 팀장님은 팀원들 멘탈엔 별 관심이 없음.'

이 불만은 때로 이상하게 번역되기도 한다.
→ '우리 팀장한테 팀원은 그냥 성과 내는 수단이지, 뭐. 그러니 우리 멘탈에 관

심이 있을 리가.'

이 불만은 자주 이런 결론으로 귀결된다.

→ '어차피 각자도생이야. 팀장이든 조직이든 우리 커리어엔 관심 없어. 여기서
   레퍼런스 몇 줄 만들어서 점프해.'

이렇게 퇴사를 선택할 수도 있다. 그렇다면 안보모 팀장의 가치관은 수정이 불
가피해진다. 팀이 안정적으로 성과를 낼 수 있는 파이프라인이 중간에 빠져버
리는 꼴이니까. 이런 식의 논쟁은 실리콘밸리에서도 있는 모양이다. 《실리콘밸
리의 팀장들》에서도 어떤 리더가 같은 질문을 던진다. 자신의 일이 훌륭한 기
업을 만드는 일인지, 아니면 감정적인 보모 노릇을 하는 건지 모르겠다고. 그때
소개된 답변이 참 인상적이었다. '그건 보모 노릇이 아니라 관리이며, 그게 바
로 리더가 해야 할 일입니다.'

그렇다면 안보모 팀장에게 이런 조언을 해줄 수 있을 것같다. 당신이 만들고 싶
은 그 팀의 성과는, 숫자로 측량될 수 없는 팀원의 기여와 멘탈을 들여다봐주는
'보모'의 역할을 할 때 더 잘 만들어질 수 있다고. 그리고 그때 쓰일 수 있는 아
주 효율적인 솔루션이 그들의 강점에 대해 언급해주는 것이라고.

이제는 나미 팀원이 그에게 면담을 요청한 이유를 들여다보자.

"아… 요즘 진행하고 있는 프로젝트에서 제가 잘하고 있는지 피드백을 듣고 싶
어요."

이걸 두고 안보모 팀장은 이렇게 해석했다.

"보아하니 좀 우쭈쭈해달라는 것 같은데…."

맞는 말인데, 틀린 말이다. 저연차임에도 불구하고 정신없이 일을 쳐내고 있는 나미 팀원의 특성상, 분명 격려와 칭찬이 필요한 건 맞다. 하지만 안보모 팀장이 말하는 것처럼 유치원생에게 주는 사탕인 양 '우쭈쭈'를 바라는 것은 아니다. 눈에 보이는 프로젝트 KPI, 기여율, 근무 시간에 대한 피드백은 일상적으로 듣고 있다. 하지만 나미 팀원이 목말라하는 것은 좀 다른 것이지 싶다. 자기 눈에는 보이지 않는, 하지만 팀장과 업계 선배의 눈에는 보일 법도 한 자신의 '방향'에 대한 의견, 바로 피드백을 듣고 싶은 것이다. 그래서 강점은 여기서도 유효하다.

이쯤 되면 안보모 팀장은 나미 팀원의 강점을 찾아보려 자신의 기억 회로를 돌려볼 것. 하지만 떠오르는 건 마뜩잖았던 순간들뿐이다. 이를테면 이런 것들.

안보모 팀장의 불만 1.

"나미 팀원은 좀 성급해요. 뭐 하나를 해도 꼼꼼하게 체크하고 다음 스텝으로 넘어가야 하는데 그게 안 돼요. 뭐든 손들어서 맡는데, 그렇게 잔뜩 벌여놓고 하나하나 수습은 대충 하는 느낌?"

안보모 팀장의 불만 2.

"나미 팀원은 쓸데없이 감정적일 때가 많아요. 우린 하루 8시간 일하고 정해진 돈을 받으니 자기 시간을 효율적으로 쓸 의무가 있다고 생각하는데요. 여기저기 오지랖이 넓어요. 누가 지쳐 보인다고 바빠 죽겠는 시간에 티타임을 하질 않나…."

실제로 안보모 팀장의 불만은 티가 났을 터. '성급하게 굴지 말라' '티타임 좀 그

만하고 일에 집중하라' 같은 말들을 자주 했을 것이다. 필요한 일에 손들었을 뿐인, 자신을 필요로 하는 동료가 신경 쓰여 이야기를 들어줬을 뿐인 나미 팀원은 스스로를 의심하기 시작한다. 자신의 일하는 방식이 잘못되었다는 생각을 하게 된 것.

안보모 팀장의 부정적인 피드백은 어떤 면에선 나미 팀원을 좀 더 꼼꼼하게 만들 수도, 좀 더 일에 집중하게 만들 수도 있다. 하지만 그보다 더 높은 확률로 나미 팀원은 더 이상 궂은일에 손을 들지 않을 것이다. 자신을 필요로 하는 동료에게 "미안한데…"라고 말하게 될 거다. 안보모 팀장의 불만은 줄어들겠지만 나미가 이직 사이트를 들여다보는 빈도는 늘어난다. 안보모 팀장이 가장 원하지 않는 상황은 그렇게 불현듯 올지도 모른다. 당신이 마뜩잖아 하는 그 단점이 실은 그 팀원의 강점일지 모른다. 자, 책에서 배운 것을 써보자.

피드백 ① 너는 이렇게 일할 때 유난히 성과가 잘 나는 것 같아

나미 팀원을 향한 자신의 불만을 그의 강점으로 치환하여 보고 피드백하는 것만으로 많은 변화가 일어날 것이다.

Before "나미 팀원은 좀 성급해요."

After "나미는 주어진 일은 야근과 주말 근무를 불사하고서라도 해치웠고, 일의 속도도 빨라요."

Before "나미 팀원은 쓸데없이 감정적일 때가 많아요."

After "나미는 늘 다정해요. 상대를 칭찬하고 격려하는 나미 팀원과 많은 이들이 함께 일하고 싶어 하고요."

피드백 ② 실수나 갈등도 네 강점 때문일 수 있어

다음 단계는 강점을 컨트롤할 수 있게끔 가이드하는 것. 사실 전부터 해오던 것이지만 그때는 그것을 단점으로 전제했었다. 이렇게 고쳐보자.

"나미님은 좀 성급해요." → "나미님은 추진력이 강해요. 물론 이 강점이 잘 발현되려면 동료들이 그 속도를 버거워하고 있지 않은지 체크하는 여유가 필요해요."

"나미님은 쓸데없이 감정적일 때가 있어요." → "나미님 덕에 많은 동료들이 동기부여된다고 들었어요. 물론 이 강점이 잘 발현되려면 동료뿐 아니라 일의 결과에도 시선을 고정해둘 필요가 있습니다."

피드백 ③ 그런 위기를 피해 가게 하는 게 결국은 태도더라

이를 가능케 하는 구체적인 태도를 짚어주는 게 마지막 단계다. 사람을 배려하느라 '책임'을 소홀히 하면 결국 팀에 해를 끼칠 수도 있다는 이야기를 나눠보자. 속도를 중시하느라 불도저처럼 나가다 보면 동료들을 '배려'하지 못할 수 있다는 것도.

그걸 들은 나미 팀원은 어떤 마음일까? 우선 전보다는 자신의 기여에 확신을 가질 거다. 일에 좀 더 몰입할 것이고, 좀 더 안보모 팀장의 팀에 오래 머물고 싶어 할 것이다. 내가 팀장에게 성과를 위한 수단이 아니라 그 자체로 존중받는 존재라는 느낌이 들 테니까. 어떤가. 이 정도 결과라면 보모 노릇, 할 만하지 않을까?

성과가 부진한 팀원에게는
이렇게 피드백해봅시다.

팀원들의 R&R과 팀의 성과를 관리해야 하는 팀장 입장에선 연차에 맞는 성과를 내지 않는 팀원이 답답하다. "저 정도 연차엔 이 정도 성과는 내야 하는 것 아닌가요?"라는 말은 맞다. 하지만 그 성과의 범위가 잘못 정의되어 있다면? 한국 사회에서는 흔히 이런 사람들을 성과를 내는 '일잘러'라고 부른다.

• 예리한 인사이트로 문제를 분석한다.
• 탁월한 업무 역량으로 문제를 해결한다.
• 압도적 추진력으로 애자일하게 움직인다.

그런데 말이다. 나예리, 김탁월, 박추진… 이런 친구들만 딱 모여 있는 팀이라고 해보자. 환상의 팀일까? 예리하게 문제를 캐치하고 탁월하게 그걸 해결하며 엄청 빠르게 움직이니 말이다. 물론, 그럴 수도 있다. 하지만 많은 경우 이들은 '어벤저스'가 아니라 '아사리판'으로 수렴된다. 뾰족한 이들 사이에 완충 작용을 하는 '쿠션'이 없는 경우에는 특히 그렇다. 눈치챈 이도 있겠다. 여기서 쿠션은 보통 최햇살 팀원과 같은 평범한 이들이 묵묵히 하고 있는 역할일 수 있단 것. '동료들의 고충을 묵묵히 들어준다. 그가 앉아 있는 회의 분위기는 왠지 모르게 편안하다'라는 설명에 따르면 말이다.

성과를 만드는 건 예리함, 탁월함, 압도적 속도 같은 것만은 아니다. 이들이 마음 편히 의견을 개진하고, 고충을 털어놓을 수 있는 최햇살의 '경청'과 '응원' 역시 팀의 성과를 만드는 중요한 축이다. 한국 사회가 암묵적으로 정의하고 있는 일잘러엔 이게 빠졌다. 이경주 팀장이 최햇살 팀원을 저성과자라고 평가하는 까닭도 팀원의 기여 항목에 경청과 응원이 없기 때문일 테고 말이다.

브랜드나 기업이든 상품이든 그것이 얼마나 가치 있는 존재인지를 알 수 있는 방법이 있다. '그것이 없어진 상황'을 떠올려보는 것. 내가 자주 사 먹는 그 식빵이 이제 더 이상 판매되지 않는다면? 내가 자주 가던 그 카페가 더 이상 문을 열지 않는다면? 내가 느낄 상실감과 아쉬움의 크기가 내가 생각하는 그것의 가치다.

사람도 마찬가지다. 많이 듣고 열심히 박수 쳐줄 뿐인 '좋은 동생' 타입의 최햇살 팀원이 우리 팀에 없다고 생각해보자. 회의실의 온도가 달라질 거다. 개성 강한 팀원 사이 묘한 긴장감은 나날이 커질 테고, 따라서 팀장이 챙겨야 하는 팀원의 고충도 여기저기서 튕겨나올 거다.

그런 상황이 두렵다면 지금 각자의 팀에 있는 '좋은 동생' 최햇살을 재정의해볼 필요가 있다. 태도는 좋지만 역량이 부족한 4분면 박스 안에 가둘 게 아니다. 그는 팀에 없어서는 안 되는 '동기부여' 강점자이자, 팀장의 역할을 꽤 많이 덜어주고 있는 좋은 동료일지 모르니까. 이 전제에 동의했다면 최햇살 팀원에게 3단계 피드백을 해볼 차례다.

피드백 ① 너는 이렇게 일할 때 유난히 성과가 잘 나는 것 같아

그의 경청과 응원이 팀에 기여하고 있다는 것을 공공연하게 인정해주자. 그냥 좋은 사람이 아니라 적극적인 리액션으로 성과를 내고 있다고 이야기하는 것.

피드백 ② 실수나 갈등도 네 강점 때문일 수 있어

단, '성과를 못 낸다'는 일부의 평가를 같이 들여다볼 필요는 있다. 이 말은 그가 담당한 프로젝트가 더디게 진행되거나, 목표한 KPI를 달성하지 못할 때 나오는 말일 테니까. 동료들을 격려해서 좋은 아이디어도 이끌어내고, 팀워크도 만드는 최햇살 팀원인데 왜 그런 결과가 나올까? 혹 사람을 배려하는 데 너무 많은 에너지를 쓰느라 정작 달성해야 할 프로젝트의 목표를 도외시하고 있는 것은 아닐까? 예를 들어 주제에 어긋난 이야기를 신나게 하는 동료 A의 말을 끊지 못해 회의 시간을 지체시킨다든지, 신입 기죽을까 봐 기본이 안 된 보고서에 제대로 피드백하지 못한다든지, 본인 업무가 바쁜 상황에서도 동료의 SOS를 거절하지 못한다든지. 그런 순간들이 쌓여 결국 '저성과자'라는 꼬리표가 붙었다면, 당신은 리더로서 이런 면에 대한 우려를 전달할 필요가 있다.

피드백 ③ 그런 위기를 피해 가게 하는 게 결국은 태도더라

이때 최햇살 팀원에게 짚어줘야 할 게 바로 '진정성'과 '책임'이란 태도다. 아닌 것을 아니라고 진정성 있게 말했을 때, 동료들의 사기만큼이나 업무의 성과에도 책임감을 가졌을 때 생길 변화에 대해 이야기해보자. 그저 사람 좋은 팀원이 아니라 따박따박 성과도 챙길 줄 아는 동료로 업그레이드할 수 있는 기회라고.

서로 너무 다른 팀원 간 갈등이 고민이라면
이렇게 피드백해봅시다.

여러분의 답변을 짐작해보건대, 아이들 싸움을 말리는 부모처럼 '싸우지 마!'라고 윽박지르거나 한쪽의 잘못을 특히 부각했을 수도 있겠다. 아니면 둘이 알아서 하라며 자율 혹은 방관으로 일관하거나 둘 다 혼낼지도 모르겠다.

- '이미리 씨, 요즘 세상이 워낙 빨리 돌아가니까 이미리 씨도 좀 애자일하게 업무해보세요.'
- '최번개 씨, 현실성이나 리스크를 사전에 체크하는 건 기본입니다. 그 기본에 좀 충실하셔야겠습니다.'

맞는 말이다. 현실적으로 튀어나오는 반응일 것도 같다. 하지만 여기선 좀 더 다른 방법으로 접근해보자. 어느 한쪽 편을 드는 것 대신, 두 사람의 단점을 꼬집어주는 대신, 각자의 '강점'으로 문제를 해석해보는 것.

피드백 ① 너는 이렇게 일할 때 유난히 성과가 잘 나는 것 같아
팀원의 '고쳐야 할 점'을 꼬집기 앞서 그 팀원 고유의 강점과 기여에 대해 인정해주자.

→ "이미리 씨가 어떤 일이든 차근차근 계획을 세워서 임하는 것은 참 큰 강점이라고 생각합니다. 덕분에 앞에 놓인 돌부리들을 미리 치울 수 있었어요. 리

스크도 최소화할 수 있고, 예산 초과에 대한 우려도 덜 수 있구요."

→ "최번개 씨, 요즘 같은 시대에는 번개 씨처럼 애자일하게 움직이는 이들이 조직에 크게 기여하고 있어요. 빠르게 뛰어들면서 방법을 찾다 보니 조직 전체에 '오, 저게 되네?' 하는 분위기를 형성할 수도 있구요."

피드백 ② 실수나 갈등도 네 강점 때문일 수 있어

그리고 이제 그 강점의 컨트롤에 대해 이야기할 차례다.

→ "(앞의 대화에 이어) 이미리 씨, 여기에 하나만 더해지면 좋을 것 같아요. '애자일'이요."

→ "(앞의 대화에 이어) 최번개 씨, 여기에 하나만 더해지면 좋을 것 같아요. '돌부리 체크'요."

여기에도 하나의 팁이 있다. 본문에서 계속 얘기해왔듯이 'Yes but'이 아니라 'Yes and'로 이야기하는 것.

예를 들어 부모가 자녀에게 이렇게 커뮤니케이션한다면?

"첫째야, 스스로 방 정리한 거 대단한걸? and 정리할 때 동생한테 차분히 부탁하면 더 멋질 것 같은데?"

"둘째야, 숙제도 열심히 하고 참 대단한걸? and 숙제거리 늘어놓지 않고 하면 더 멋질 것 같은데?"

안다. 교과서적인 이야기일 뿐, 막상 현실로 닥쳤을 때는 머릿속이 하얘지고 뒷목이 뻐근해지며 감정이 앞선다는 것. 하지만 그래서 우린 오은영 박사님의 〈요즘 육아 금쪽 같은 내 새끼〉를 보지 않나. 실제 그런 일이 닥쳤을 때 현명한 대처법을 준비하기 위해서 말이다.

피드백 ③ 그런 위기를 피해 가게 하는 게 결국은 태도더라

이미리 팀원에게 필요한 태도는 무엇일까? 다시 말해 그는 어떤 태도 때문에 손해 보고 있을까? 똑같은 질문을 최번개 팀원에게도 던져보자.

자신과 다른 방식으로 일하는 최번개 팀원을 용납하지 못한 이미리 팀원은 '관용' 태도가 부족할 수 있다. 현실성과 맥락을 덜 고려하고 머릿속 생각을 바로 꺼낸 최번개 팀원은 '절제' 때문에 손해 보고 있을 수 있다.

이 태도가 보완되면 이미리 팀원은 치밀하게 일을 준비하는 '믿맡'이자, 결이 다른 의견도 쏙쏙 흡수하는 동료가 된다. 최번개 팀원은 열정과 속도 '만땅'이면서 그 리스크도 함께 고려하는 '예측 가능한 불도저'가 될 수 있다. 각자에게도, 팀장에게도, 무엇보다 팀에도 좋은 일이다.

조직보다 자신을 우선시하는 팀원에게는
이렇게 피드백해봅시다.

※ 이번 문제는 '강점'이 아니라 special tips에서 제시한
팀원의 '이것' 리스트에 초점을 맞춰 풀어보자.

앞에서 이런 답변들을 달진 않았는지?

- "본업이 먼저라고 이야기할 것 같아요. 지금 일 똑바로 하라고."
- "업무 보고를 꼼꼼하게 받을 것 같은데요? 약간 옐로카드 같은 거죠."
- "팀원들의 불만을 전달해줄 것 같아요. 본인은 모르고 그럴 수도 있으니까?"

일리 있다. 본업이 우선인 것도 맞고, 업무 보고로 어느 정도 긴장감을 부여할 수도 있다. 동료들의 불만을 눈치채지 못하고 있었다면 좋은 힌트가 될 것도 같다. 하지만 또 하나의 방법이 있다. 요즘 하고 있는 그 사이드 프로젝트에 대한 '관심'을 표현해보는 것.

→ "요즘 유튜브 구독자 수는 어때요? 저도 구독해도 되나요?"

※ 단, 감시나 지적, 눈치 주기가 아니라 '관심'이어야 하는 게 포인트.
그런 신뢰는 한 번의 이벤트가 아니라 일상적 노력과 지지가 쌓아준다.

'성과에 대한 질책' 이전에 나새로미 팀원의 삶과 커리어에 대한 진심 어린 관심이 먼저다. 워낙 중요한 메시지를 담고 있어서 이 책에서도 여러 번 언급했는데,《삼국지》의 명장면 중 하나를 다시 소개한다.

유비의 어린 아들 아두가 적진에 포위된다. 조자룡이 위험을 무릅쓰고 피투성이가 되어가며 아두를 구해 유비에게 바친다. 그때, 유비는 아두를 던진다. "아이는 또 낳으면 되거늘, 이 아이 때문에 너 같은 장수를 잃을 뻔했다"며….

맞다. 지독한 아동학대이다. 하지만 이건 돗자리 짜는 것 말곤 이렇다 할 특기가 없는 유비가 어떻게 역사에 길이 남았는지를 보여준다. 바로 타인에 대한 진심이다. 군주인 나와 이 나라를 위한 '수단'으로 장수를 부린 것이 아니라 그 자체로 아꼈던 진정성이 유비의 킥이 아니었을지. 모든 것이 숫자로 치환되어 연봉이 지급되고 이직이 결정되는 요즘 시대일수록 계산기를 두드려서는 설명되지 않는 진정성의 힘은 빛을 발한다.

'너는 이 조직을 위한 수단이 아니야. 팀장으로서 나는 팀원인 너의 삶과 커리어를 존중해'라는 진심은 팀원들의 계산기도 멈추게 하는 힘을 가진다. 성과를 내는 수단이 아니라 나새로미 팀원의 커리어와 삶 그 자체에도 무게를 두고 생각해보자.

생각해볼 지점

- 톡톡 튀고 재능 많은 나새로미 팀원, 조직 안에선 해소되지 않는 갈증이 있을 수 있다.
- 해보고 싶은 일을 해볼 수 있는 자율이 그에게는 주중(본업)에 더 몰입하게 해주는 '주말' 같은 존재가 될 수 있다.
- 본업과 얼라인될 수도 있다. (실제로 사이드 프로젝트를 하며 얻게 된 경험과 지식이 본업에도 도움이 된 사례를 여럿 봤다.)

이런 관점이 너무 비현실적이란 생각이 든다면, 좀 더 현실적으로 생각해보자. 지금 세상에 자신의 경쟁력을 쌓고자 하는 나새로미 팀원들의 열정을 막을 방법은 없다. 감시, 지적, 눈치를 받는다면 당분간은 '1인분'을 해낼 수도 있겠지만 딱 1인분만 하다가 이력서 한 줄을 쌓고 이직을 선택할 가능성이 크고, 그건 팀장들에겐 최악의 수다. 그렇다면 그걸 막는 게 능사일 순 없다. 그의 지향을 지지해주되, 본업에 몰입할 수 있게 가이드하는 것이 가장 현실적인 수다.

만약 본업에 소홀해서 주어진 '1인분'을 해내지 못하고 있다면? 그가 사이드 프로젝트를 통해 시도해보고자 하는 바에 관심을 보이자. 그리고 '책임'과 '배려'라는 태도를 기준으로 피드백하자.

"회사에서 주어진 일만 하느라 좀 재미없었을 텐데 유튜브하면서 신날 것 같아요. 거기서 힘을 얻고 본업에서 책임감 있는 모습을 보여주고, 혹시 오해할 수 있는 동료들을 배려해준다면 우리 팀에도 결국 도움이 될 것 같은데요?"

참고 자료

- Clifton D.O., & Harter J.K. (2003). Investing in Strengths In A.K.S. Cameron, B.J.E. Dutton & C.R.E. Quinn (Eds.), Positive Organizational Scholarship (pp. 111-121). San Francisco: Berrett- Koehler Publishers, Inc.

- 김난도 지음, 《마켓컬리 인사이트》, 다산북스, 2020

- 김봉준·장영학 지음, 《강점 발견》, 책비, 2019

- 대니얼 코일 지음, 박지훈 옮김, 《최고의 팀은 무엇이 다른가》, 웅진지식하우스, 2018

- 리드 헤이스팅스·에린 마이어 지음, 이경남 옮김, 《규칙 없음》, 알에이치코리아, 2020

- 박정준 지음, 《나는 아마존에서 미래를 다녔다》, 한빛비즈, 2019

- 브루스 데이즐리 지음, 김한슬기 옮김, 《조이 오브 워크》, 인플루엔셜, 2020

- 야마구치 슈·구스노키 겐 지음, 김윤경 옮김, 《일을 잘한다는 것》, 리더스북, 2021

- 에릭 모슬리 지음, HCG 옮김, 《성과관리 4.0》, 나남, 2018

- 에릭 슈미트·조너선 로젠버그·앨런 이글 지음, 김민주·이엽 옮김, 《빌 캠벨, 실리콘밸리의 위대한 코치》, 김영사, 2020

- 킴 스콧 지음, 박세연 옮김, 《실리콘밸리의 팀장들》, 청림출판, 2019

- "MZ세대 신입사원 10명 중 3명, 입사 1년 안 돼 짐 쌌다", 〈잡코리아〉, 2021.11.11
  www.jobkorea.co.kr/goodjob/tip/view?News_No=19299

- "나 BoA 아님? 체크 좀 해" … 보아, 이름 실수한 SM '저격', 〈동아일보〉, 2017.04.25
  www.donga.com/news/article/all/20170425/84058490/2

- 노홍철 인스타그램
  www.instagram.com/rohongchul/

- 스테판 커리, 〈일간 바이라인〉
  us18.campaign-archive.com/?e=64f5b6df42&u=bedb3ad13e513e25afa719b73&id=3dea5da46d

- "'슬기로운 의사생활 시즌 2' 하윤경, 일도 사랑도 더 치열하게 고군분투", 〈톱스타뉴스〉, 2021.07.09
  www.topstarnews.net/news/articleView.html?idxno=14613125

- 일론 머스크 트위터
  twitter.com/elonmusk

- "죽어가는 회사도 살리는 공감의 핵심!", 조직의 쓴맛 시리즈 2화, 〈원티드〉
  www.wanted.co.kr/events/21_12_s09_b01

- "직장인 52.1% "퇴사하는 진짜 이유, 숨겼다", 〈잡코리아〉, 2020.04.14
  www.jobkorea.co.kr/goodjob/tip/view?News_No=16627
- "직장인 81% '사람 싫어' 퇴사 결심, 직장 내 인간관계 갈등 원인 1위는?", 〈디지틀조선일보〉,
  2019.03.26
  digitalchosun.dizzo.com/site/data/html_dir/2019/03/26/2019032680050.html
- 태니지먼트
  www.tanagement.co.kr
- [SG 워너비] 프듀 전설의 예의 있게 얘기해 이석훈, 좋아햄, 유튜브 영상 클립
  www.youtube.com/watch?v=7Km6cEjAflQ
- 가희 팩트 폭행, 프메퍼, 유튜브 영상 클립
  www.youtube.com/watch?v=TmRhFKPhUyY
- 그리웠어ㅠㅠ 돌아온 환장의 콤비; 형이 왜 거기서 나와, 〈놀면 뭐하니?〉, 유튜브 영상 클립
  www.youtube.com/watch?v=7h-R2AtNbMM
- 린다G+엄정화+제시+화사 = 환불원정대! 매니저는 유재석의 새 부캐?!, 〈놀면 뭐하니?〉, 유튜
  브 영상 클립
  www.youtube.com/watch?v=luz-tOVtWkY
- 유희열 심사위원의 감동 와일드카드, 〈K팝스타 시즌 4〉, 유튜브 영상 클립
  www.youtube.com/watch?v=ZNNv7lyD1mM
- "저 이러려고 회사 들어온 거 아닙니다!" 일을 주지 않는 강대리에게 마침내 터진 장백기, 〈미
  생〉, 유튜브 영상 클립
  www.youtube.com/watch?v=9m6unQ1ujA8
- ★전설의 시작★ 우리 뭐할 끼니↗? 어디 갈 끼니↗? 한마디에 시작되어버린 레전드, 정총무
  가 쏜다, 〈무한도전〉, 유튜브 영상 클립
  www.youtube.com/watch?v=03lS6-XB1Vg&t=245s
- 최신 성과관리 트렌드 | 직원 경험 관리의 중요성 | 딜로이트 컨설팅 김성진 상무,
  〈HRevTV〉, 유튜브 영상 클립
  www.youtube.com/watch?v=PZ4dULCbmLM
- 토스 다큐멘터리 FINTECH - BEHIND THE SIMPLICITY, 유튜브 영상 클립
  www.youtube.com/watch?v=AuMyGHuxvOM
- 투닥 케미 브로맨스! 기안84와 헨리의 우정 여행, 〈나 혼자 산다〉, 유튜브 영상 클립
  www.youtube.com/watch?v=lGR9nUmyCeE

무조건 통하는 피드백, 강점 말하기

2022년 11월 28일 초판 01쇄 발행
2023년 01월 12일 초판 02쇄 발행

지은이 이윤경

발행인 이규상 편집인 임현숙
편집팀장 김은영 책임편집 이은영 편집 고은솔 교정교열 김화영
디자인팀 최희민 권지혜 두형주 마케팅팀 이성수 김별 강소희 이채영 김희진
경영관리팀 강현덕 김하나 이순복

펴낸곳 (주)백도씨
출판등록 제2012-000170호(2007년 6월 22일)
주소 03044 서울시 종로구 효자로7길 23, 3층(통의동 7-33)
전화 02 3443 0311(편집) 02 3012 0117(마케팅) 팩스 02 3012 3010
이메일 book@100doci.com(편집·원고 투고) valva@100doci.com(유통·사업 제휴)
포스트 post.naver.com/black-fish 블로그 blog.naver.com/black-fish
인스타그램 @blackfish_book

ISBN 978-89-6833-408-5 03320
ⓒ 이윤경, 2022, Printed in Korea